U0735298

寂静的青春

——儒学民众化与青年现象的消失

吴　端◎著

出版资助单位

上海社会科学院国民精神与素质研究中心
河南师范大学青少年问题研究中心

图书在版编目（CIP）数据

寂静的青春：儒学民众化与青年现象的消失 / 吴端著. 北京：中国发展出版社，2015. 2

ISBN 978-7-5177-0107-1

Ⅰ. ①寂… Ⅱ. ①吴… Ⅲ. ①儒学—关系—青年—社会意识形态—研究—中国 Ⅳ. ①B222.05②D432.62

中国版本图书馆CIP数据核字（2015）第029102号

书　　名：寂静的青春：儒学民众化与青年现象的消失
著作责任者：吴　端
出 版 发 行：中国发展出版社
（北京市西城区百万庄大街16号8层　100037）
标 准 书 号：ISBN 978-7-5177-0107-1
经　销　者：各地新华书店
印　刷　者：北京科信印刷有限公司
开　　本：787mm × 1092mm　1/16
印　　张：14.75
字　　数：200千字
版　　次：2015 年 2 月第 1 版
印　　次：2015 年 2 月第 1 次印刷
定　　价：38.00元

联 系 电 话：（010）68990535　68990692
购 书 热 线：（010）68990682　68990686
网 络 订 购：http：//zgfzcbs.tmall.com
网 购 电 话：（010）68990639　88333349
网　　址：http：//www.develpress.com.cn
电 子 邮 件：10561295@qq.com

PREFACE 总序

一

“青年”的概念起于对“青春”的认识。屈原在《楚辞·大招》开篇中说：“青春受谢，白日昭只，春气奋发，万物遽只”，汉代文学家刘向解释为春季来临。这种将青年现象与自然现象相统一的对青春的赞美，古诗文中还有不少。青年作为人的理想形态的出现，亦源远流长，法国著名思想家埃德加·莫兰推论从原人向智人进化的过程中存在族类的青春化。这里暂且按下不表。我们想说的是，中国社会在前进，中国青年也在进步，作为时代晴雨表与时代性格的青年，对于现代化进程中的社会转型有着最为敏感的反应。首先，青年要求个性解放的价值转变与个人物质利益得到承认的社会环境是相适应的；其次，社会流动的增加与就业政策的改变又增加了青年追求的自由度；再次，大众文化的兴起填平了精英文化与平民文化、高雅文化与世俗文化的鸿沟，培养了青年民主、平等的意识。经济发展、自主意识增强、用消费与时尚实现自我的身份认同，以及追求世俗化和日常生活审美化等等，无处不沾染上后现代的气息。

后现代主义的解构使得现世生活、感官享受读得到了肯定，青年在社会生活中的地位与作用越来越凸显。世俗化的进展增强了青年的自主性、主体性，全球化背景下的社会变迁，使青年社会化的传统模式在主客观上都发生了变化，由家长、教师、领导主导的生活、学习、工作，演变成为在同伴的水平联系中个人有了更大可能性的选项，青年成为自身社会化的积极参与者，而网络在青年的交流平台和展示平台。80后、90后突出的特征就是网络一代，跨文化收集信息的一代。网络对当代青年不仅具有极高的娱乐价值，而且是组织公益性互助性活动、进行各种讨论、作为政治或准政治交流的工具。

后现代社会中，一方面是价值的多元化、相对化，对价值观与生活方式可以用个人的标准任意解释，何谓幸福美好的人生已没有普遍而客观的评判尺度；另一方面，由于在个人无限选择的机会面前却不具备选择的能力，人的依附性从对神转向为对物，认同于科技飞速发展所造成的现代社会结构与文化模式而成为赶时髦、随大流的“单向度的人”。这种种社会心态在青年身上一样得到了淋漓尽致的反映。

后现代化主义将“启蒙”与“理性”重新拆解、拼贴，构成新的“景观”。可以说中国改革开放后成长起来的一代青年是“改弦更张”、“脱胎换骨”的一代人。在“寂静的青春”内部有着并不寂静的涌动。

青年研究以青年为对象，无法回避时代。从某种意义上讲，青年研究是当代史的部分叙述和解释，而有关青年研究的立场、视域、文本、方法、观点以及修辞，一直是我们探索和交流的问题。自从青年被作为研究对象，青年研究被纳入社会科学以来，对其的“理论反思”和“方法探索”一直未间断过，将青年研究从单纯的“问题研究”或“对象研究”的水平，提高到学科研究的水平，一直是我们孜孜以求的。青年研究既要做大——让更多的人来关注青年、研究青年；青年研究又要做小——坚持研究青年的深层次问题、青年的个体问题，一直是我们共同努力的方向。

经过几年的沉淀，由孙抱弘先生主编的“后现代视野与青年研究丛书”即将陆续出版，这是青年研究的一个阶段性成果总结，它相对完整地呈现了目前国内青年研究的基本水平，而集中为“后现代”的青年研究，并以这样整齐的面貌呈现，尚属首次，其学术视野和思想高度令人期待。为此，我们感到由衷的欣慰，同时寄希望于后来者。

谢昌逵　金志堃

2015年1月1日

二

自2007年起，在中国青少年研究界的几位元老——特别是谢昌逵与金志堃教授的督促推动下，我斗胆组织了三届“青少年研究基础理论建设”研讨会。规模不大的研讨会本意只在于对近30年的中国青少年研究，特别是基础理论研究作些后顾前瞻，想不到会议得到了全国青少年研究界的热烈反响与积极支持，社科院系统的沈杰、关颖、吴小英、黄海，高等院校的佘双好、马建青、方巍、高中建、王东莉、姚建龙，共青团院校系统的田杰、陆玉林、张华、宋国力、钱永祥、陈亮、涂敏霞等青少年研究界的宿将新秀纷至沓来，会议人数只有几十位，却开得热烈而深入，特别令人感动的是，一些青少年研究界的后起之秀得到会议信息不远百里、千里寻踪来会，并要自付一切会议费用。正是在全体参会学者的共同努力下，三次会议都取得了些许进展。正如会后一些学者对这几次研讨会进行的回顾总结那样，这几次会议的特点主要有以下三个方面。

一、会议的讨论有了更清晰的学术自觉，也更加深入和透彻。为此，召开首届研讨会的2007年被称为了“青年研究的理论反思年”（蒯辙、蔡富有，2008；吴小英，2012）；

二、由于学者的学科立场与话语系统的差异，“讨论的主题也在不断地重复和争论中裹足不前，难以达成统一共识”（吴小英，2012）；

三、这种状态反而为多学科视角的引入和青年研究领域的拓展提供了更多的机会，也给青年研究带来了多元化的开放空间以及范式变革的可能性（吴小英，2012）。

我很同意学者们的上述见解，从建构论与过程论的后现代哲学立场观之，我们的三次研讨会只不过是青少年研究和基础理论建设长河中的一个节点或浪花，是对以往研究与建设的当下水平的评估与预测，是对未来发展的可能的展望。研究还要进行，理论还要发展，我们只是展示问题、讨论问题，并不奢望传统意识中的“统一认识”，也不妄求现代意识下的“体系建设”；我们只希望这样的研讨会能多少有助于青少年研究事业的发展，以及对实际的青少年工作有所推动。

在这三次研讨会上有两个问题引起了我们的关注，也正是这两个相互关联的问题使我们决心来编撰出版这一套丛书。这两个问题是。

一是学科建设与基础理论建设的关系。

如果撇开生存与经济需求的因素——尽管这在中国的社科生态环境中极其重要。我以为：首先，学科建设与基础理论建设分属于青年研究同一目标下的两个层面，学科建设以知识、理论与方法的系统传授为目的，有助于一代又一代青少年理论与实践工作者的培养，其建设的侧重在于学理的积累、梳理与传授；基础理论建设，侧重点在于问题研究，青少年研究说到底是人的研究，人是世界上最复杂的研究对象。可以说，人文社会科学各个学科的研究实际上都隐含着人或人性的研究内涵，所以人的研究、青少年的研究当然是一个多学科、跨学科的综合性和整合性研究，更是复杂性的问题研究。由于学理研究与问题研究存在着明显的分工，所以学科建设与基础理论建设显然应加以区分。其次，学科建设与基础理论建设又是相辅相成、相依相存的。面对问题研究的基础理论吸纳多学科的理论成果用于青年研究，一些经过反复运用验证的概念、观点、理论框架应当不断被充实到学理研究中，推动学科建设；与此同时，一代又一代的青少年工作者、研究者通过相对稳定的学科培训，投入到实际的问题研究，即基础理论的运用与发展中。正是在这样的互动中，学科建设与基础理论建设不断地演进发展；也正是在这个意义上，我们说问题研究、基础理论建设，是学科建设的基石或底座。事实上，人类社会中并不存在纯粹的学科与学理研究，学科建设、学理研究不是“避风港”，也非“自娱之地”，必须面对而不是背对不断出现的各类社会与人的发展问题；最后，我们也可以说，人文社会科学的最终目标都将指向社会与人，指向自然—社会—人类的和谐发展；从这个角度去理解，是不是也应该指向一代又一代青少年的健康和谐的成长与发展！如果由此生发开去，我们是否可以说失去了问题意识与人文指向的社会科学研究，极可能陷入迷途。为此，在从注重经验综合、习惯笼统而感性的传统研究向注重学科分工、强调数模推演的现代研究转型时，更要警惕这种倾向性的问题。

二是不同话语系统中基础理论建设的对话与梳理。

反观三次研讨会上，许多学者的观点、理念、理论分歧不少的原因或很主要的原因，就是人们自觉或不自觉地运用了传统、现代和后现代的三套话语系统在对话，这就很难或几乎不可能就同一个问题达成共识。比如，学科建设的过分强调，实际上是受自然科学研究分科思路影响的现代话语系统的核心理念，所以持这一话语系统思考的学者极为重视学科体系的建设就理所当然，而希望用几本教科书来稳定学科建设、体现学科建设成果的设想也在情理之中。事实上，在我们的三次研讨会上，自觉或不自觉持这一话语系统的学者占较大比例。

鉴于我们正处于后发型的现代化进程之中，传统的、现代的话语系统均有其存在的合理性与必要性；不过，我们也需要更前沿的瞻望与后现代的思考，这无疑也有其必要性与必然性，同时这也是我们在三次研讨会后，深感要将基础理论建设引向深入的可能的新努力方向。为此，我们再一次斗胆进行这一尝试——希望能在后现代的视野里对青年研究及其基础理论建设的进程再尽绵薄之力。

这里具体到写书与编书，就有了对三个话语系统的“划分”与“梳理”的问题。本人以为，青少年研究存在着三套话语系统，这是我在去年的青少年基础理论建设工作会议（2012.10.乐山）提出的一个假设性的命题，是站在社会科学当今发展的认识水平上，试图对青少年研究学术发展作一个探索性的概括，也是一个需要加以梳理与论证的命题。所以，我们现在所能做的只是“梳理”，而且是初步的梳理，还很难对三个话语系统作十分明确的划分。这个命题只是为了使我们对30年来的青少年研究的学术发展脉络把握的视野有所开拓，由于是假设，这个命题当然也应接受“证伪”的检验。但是，无论如何，这总是一个较新的总结思路，或许能把我们引入一个新天地，走出“就事论事”或原地踏步的困局。更何况，在论文编选与专著撰写的过程中，相关问题的深入探讨对青少年基础理论的建设应该是利大于弊的，当然我们这里大致要明确两点。

第一，关于话语系统的梳理主要是从蕴含于论文著述中的哲学立场与思维方式上去梳理，比如，强调结构主义、本质主义和历史规律的应属于现代话语系统；倾向建构主义、非本质主义和过程论的则属于后现代话语系统。当然，实际著述中的哲学立场，应该从作品的整体上去把握，而不是仅凭作者简单的表态。此外，一般大致可以省察到：前者天生具有“固态”研究的情结，思维方式倾向于线性与平面性，追求确定的体系性的理论建设模式；后者则已有了“液态”研究的意识，思维方式趋于多维多元和复杂，容许不确定而流动的开放性理论建构。

第二，具体到实际的论文著述之中，可能只有一套话语系统，可能混杂着两套乃至三套话语系统，那只能从通篇的基调上去把握，甚至也要经过编撰者充分的讨论来确定。这种讨论乃至争论可能是非常有趣和有意义的。

最后还要说明的是，由于编撰成书的过程有快有慢，所以我们采取了完成一本、出版一本的做法，尽可能在2~3年内结束第一辑的出版工作。

孙抱弘

2015年1月1日

总序一作者介绍

谢昌逵：中国青年社会学会原会长、中国社会科学院社会学所青年研究室原室主任、《青年研究》原主编，“中国青少年研究事业终身成就奖”获奖者。

金志堃：国际青年社会学研究会前副主席、中国青年社会学研究会前副会长、上海社会科学院青少年研究所前任所长。

总序二作者介绍

孙抱弘：上海社会科学院国民精神与素质研究中心主任，青少年研究所研究员，《公共世代与现代人》主编，兼任中国青少年研究会常务理事。曾担任青少年研究所副所长、《当代青年研究》主编。

推荐序

吴端同志起名的《寂静的青春：儒学民众化与青年现象的消失》论文集终于出版了。

吴端同志是“文革”后从工厂当工人时考入华东师范大学历史系学习，1982年夏到上海社会科学院青少年研究所从事青年研究工作的。历史专业使他较善于作宏观的历史研究，在研究所写过一些较有思想的论文。1988年去了日本青少年研究所当研修生，后去东洋大学、北九州大学选修政治社会学硕士课程和东方哲学博士课程。期间又在大阪将来世代研究中心任研究员。虽然工作有变化，但他一直关注着国内外的青年研究，利用在日本学习与工作的有利条件，广泛地收集有关资料，阅读有影响的著作。

2006年国内青年研究学界开展了对青年研究的理论反思、方法探索，2007年4月在上海成功地召开了“青少年研究基础理论建设研讨会”。这些活动与话题，引起了吴端同志的创作热情，这12篇论文就是在这个背景下、在七八年间先后完成的。

论文集内容涉及青年概念的认识与界定，青年与近代文明关系，青年的学习创新以及对历史的超越，青年的世代交替，青年本性和人的全面发展。还有两篇是关于青年继承历史优秀文化的思考，以及青年研究的国际视野和比较研究等。其中不乏对青年现象的哲学思考所产生的一些火花与闪光点。如果要把这广泛的内容，找到它们的内在联系，作一系统介绍，我思考良久，觉得不是我在推荐序中所能做到的。因为这是一个理论再创造的任务。

我赞同他这本书的内容。因为所有青年现象与青年实践都具有不同程度的公共属性。历史进入近、现代以来，随着社会的发展和变革的加快，青年在世代的交替过程中，在参与社会发展变革、承担社会的责任方面，比之过去年代，明显加重了，青年世代的公共属性日益突显出来。

作为青年研究的基础理论，我们要说明青年在中国的革命、建设和改革开放中先锋作用、带头作用的内在动因时，无论是为了追求社会的公平、正义，还是为了改革制约社会发展的制度和思想观念，都是因为青年身上具有鲜明的时代公共理性。

青年世代的不断交替、更新中，青年对前人的继承与对未来的创新，都是青年研究的重要研究课题。继承与创新是一对辩证关系，没有好的继承也不能有好的创新，没有了创新，继承就没有生存发展的余地。而青年随着社会变革的加快，它更具有创新的功能，视创新为青年的本质特征，应是青年具有的更广义的公共属性。

青年在参与社会发展过程中，也在改变着自身。青年作为社会的客体的同时，他更是一个能动的主体，把青年作为一个能动的主体来研究青年，是青年研究的重要前提。马克思批判旧世界人的依附性生存状况，人的片面的、异化的发展状况，随着当今青年的物质生活改善、生存状况优化，以及知识、能力的普遍提升，青年正在改变这种依附性生存和片面异化的发展状况，向着人的自由全面发展的目标迈进。我们看到青年从过去被动地发展，转向主动的更有目的地发展，从一个自在的群体，向着自为的、更自觉地发展的这种新世代在靠近。这种变化更是一种深层的更内在化的公共性。

我作为一个青年时期参加革命，长期从事青年工作和青年研究的过来人，始终不能摆脱对青年的深刻情结。一代代青年的革命激情，青年为革命、建设做出了巨大的贡献和牺牲，是青年史的主流。可以说吴端同志的论文集同样怀有这个青年情结，这是青年研究者的可贵品德。论文集也是吴端同志30多年来在青年研究的理论探索上，一个阶段性理论成果，他的学术根基使得他不满足别人已讲过的东西，每篇论文的创作过程，都有他自己的带有原创性的思想与观点，这是我关注青年研究基础理论建设以来，看到的较有历史的厚度、较宽广的国际视野以及哲学的整体把握与科学抽象方面，较为满意的理论创建，确实他很看重理论的创新。

30多年来，中国青少年研究是社会科学中一个新开创的领域，它没有现成的成熟的学科理论。因此，在这个新的研究领域，在开创时期把它定位在多学科的综合研究是有道理的。原中国社会科学院于光远同志在建立他们下属的青少年研究所时，就认为“青少年研究是一个科学群”。社会学、心理学、教育学、伦理学、法学、文化人类学等成熟学科理论融入青年研究，取得了不少成果，并且还在继续发展。但是，这类研究有它的理论与方法，具有自己的特性与独立性，他往往是从青年的某一方面、某一视角来研究青年的。因此，不少同志认为需要以哲学的理论与方法，更好地从整体上对青年作综合性的研究，使之成为科学群中的核心部分，把青年作为研究对象的各个相关学科中找到内在的联系，构成一个有系统的较完备的新学科。

吴端同志在与我交流他论文的内容与观点时，他强烈地意识到要用马克思主义的哲学原理来研究青年，要建立历史唯物主义的青年观，并对青年本质特征作整体把握。论文集的出版，是对青年理论构建过程中的可贵探索与突破。社会科学的每个学科的诞生，都有一个漫长的构建过程，我们都认为青年理论是整个人类认识自身求得解放与幸福的理论体系中一个独特而又十分重要的部分。学科的特点是对人和青年的研究。哲学正从传统的研究方法中，日益关注对人的研究，这也是青年研究兴起的大背景。现在只能说这个研究还处于初始阶段。吴端同志的贡献，也可以说是对这个伟大工程的一种推动。

吴端论文充满了哲学的思辨和哲学的专用语。思想的逻辑发展，变成思想的跳跃，使读者不能一下读懂，往往要反复阅读才能较好地理解，显得很耐读，也请读者注意。

金志堃

2015年1月28日

推荐序作者介绍

金志堃：国际青年社会学研究会前副主席、中国青年社会学研究会前副会长、上海社会科学院青少年研究所前任所长。

CONTENTS 目录

第一章

作为思想的青年研究

——以日本的青年研究为理论探讨的借鉴

引　言

日本的青年研究（包括学术翻译），对青年主体性的认识，对儿童与成人的概念之间规划出作为学术研究对象的“青年”概念，是与世界范围青年运动的影响与发展相关联的。20世纪60年代，欧洲的“五月风暴”、美国的反战运动、中国的红卫兵运动、日本的反对安保条约运动等以青年为主体的政治运动，对现代日本学术界的青年研究来说，是一个重要的转折点。以青年为主体的探讨逐渐形成了青年论、青年文化论、世代关系论、自我论、青年期同一性论、政治社会化论、青年心理学等研究领域，在对现代社会青年状况的横向研究与经验研究上有了长足的进步。但是，对青年的历史现象的研究，对青年与社会发展的相互作用的研究还显得比较单薄，还处于边缘学科的范畴。21世纪的日本社会虽然进入了“后青年时期”，社会上青年的对抗与创造形象稀薄了（作为青年的社会共存体——知识分子的精英形象也淡化了），但“青年”作为一种社会理念、作为一种政治文化思想的研究趋向却日益清晰起来。“青年”的观念作为一种哲学，或者说作为社会、政治、文化思想观念上的“青年”，是国际青年理论研究的一个重要方向。对青年的研究在一定意义上是对社会现代化进程、社会系统合理化以及人类社会的继承性的规律与原理的研究，因此青年研究可以看做是一种有着现实意义的学术上的“元研究”①。

① 见谢昌逵《对我国青年研究的反思》（2006）中对青年理论中“元研究”概念的论述。

第一节 “青年”的诞生与近代化（现代化）的关系

“青年”作为一种思想的出现，作为一种阶层或集团的诞生，与社会的近代化、现代化有着必然的联系。1948年7月20日，日本政府用法律规定年满20岁为有选举权的成人，每年1月15日为成人节。在此之前，日本社会并没有严格的年龄规定。如在中世的封建社会里，有些地方平民百姓是以能够一天之内砍60公斤的柴火，或能够沿途卖柴、持续行走12公里为基准，衡量其成人的资格。而到了明治时代，则是以参加征兵检查为成人的标准[①]。可见，日本对成人的尺度是从生产能力的标准到履行社会职责和角色，以男性为主体的成人观念，逐渐的转化为以年龄为尺度的包括女性在内的全社会的标准。而“青年”概念以及政治主体性、时代变革性的轮廓也在近代化的过程中从作为客体的、历史性质薄弱、人类学意义上的“年青人”（若者）概念中独立，区别于“成人”概念，其特征逐渐呈现在社会变革的意识形态上。

菲利普·阿里埃斯（Philippe Aries 1914～1984）是法国的历史学家。他的名著《儿童的诞生》用社会历史学的方法论对儿童史与18世纪欧洲近代社会史的关联进行了详尽的考察与分析。他从对日常生活的观察入手，同时参考了长达4个世纪的图像、记述、墓志铭、日记、信件、游戏方式与服装的变迁，发现了“儿童”、“青年”这些概念的诞生是与社会的现代化不可分割的，近代欧洲历史进化的一个组成部分。书中用大量的史料证明了传统社会

① 可参考《日本文化入门事典》、《成人式与进行仪式——其民俗与历史》芳贺登（1991.雄山阁出版）、《近代日本农村（江户时期）的家庭生活与儿童教育》太田素子（2007.藤原书店）。对日本成人仪式的探讨。民俗学、神话学、历史学、人类学等诸学科都有研究成果。

并没有“青年”的概念，中世纪社会的年龄阶级的构造与现代文化人类学、民族学对原始部落的研究成果有相近之处，而且古代的“青年市民”与现代社会与“成人”概念相对应的“青年”概念有着性质上差异。而且，现代家庭、家族的感情的出现也是社会对儿童的认识的一种发展。对儿童、少年、青年的认知水平的提高，对人在成长阶段的生命现象与行为的多样性的认识，使得游戏、学习、活动的场所有了创造性的变迁。特别是从学徒制到学校制度的转变，对“青年”这一社会历史概念的产生，应该是一个具有革命性意义的、人类历史上的大事件。本书对儿童，即青年产生的前期的历史考察，为后来的研究者提供了理论方法，即在近代化（现代化）的早期，年龄阶段与社会阶级具有同时性的性质。

作者发现欧洲从中世纪起就有了对人生阶段性的研究，而且对“人生诸阶段”课题的研究在各种学术著作中占有很重要的地位，并且在日常经验领域也频繁地使用年龄的概念、人生阶段性的概念①。16世纪的欧洲社会将人的一生分为7个阶段，有了幼儿期、儿童期、青春期、过渡期（人的成长期可以延续到30~35岁，但是普遍来说在28岁结束成长期），之后是壮年期与老年期，每一个时期都有不同社会责任与德行的要求。这说明了儿童、青年等概念，不仅是人生的生物现象的反映，更是社会地位、社会现象的体现。17世纪开始有了“中年期”的概念；到了18世纪法语中出现了“青年期”、“青少年期”、“少年”等更为精确的称谓。而近代的“青年”形体现在德国音乐家瓦格纳的歌剧里②。

作者认为，每个历史时代在对待人生各个年龄阶段上有不同的取向。如

①《儿童的诞生》（1986年日文第6版，三铃书房）。

② 日本的《社会学事典》认为，欧洲最早对青年期的描述，应该是卢梭在《爱弥尔》（1762）提出来的，p538。

17世纪的欧洲比较重视具备军人形象的“年青人”；19世纪的欧洲普遍重视“儿童期”；20世纪则是青年的世纪，作为思想意识存在的“青年”理念是20世纪的主人公。青年的纯粹性、自然性、自发性、身体性，以及对生命欢乐的追求，不仅是20世纪文学的题材，而且也是伦理与政治所关心的对象。当时的浪漫主义思潮提出对青年的理解不能以年龄加以区分，青年一代是新型的价值观体现，其历史使命是使趋于老化、僵硬化的社会恢复与保持旺盛的活力。在这里，阿利埃斯提出了“青年”（jeunesse）的概念也是一种思想意识的新型理论模式，青年的类型是以如何主张自己的价值、欲望、行为方式为特征的。因此，20世纪成为人类历史上青年期得到充分延伸的时代，从这个意义上说，20世纪就是人类文明的“青年期”。

《儿童的诞生》成书于1960年，在欧洲并没有得到充分的重视。美国在1962年发行了英文版，马上受到了美国社会学家与教育家的重视与好评。受到重视的原因是因为《儿童的诞生》一书的宗旨为美国社会学界一个基本理论，即核家庭的出现与发展是美国社会得已现代化的一个重要因素的学说，提供了欧洲社会发展史的佐证。

《儿童的诞生》虽然在1980年发行了日文版，但是日本的学术界仅仅从年鉴学派的特殊的研究方法与资料的丰富性上予以评价，重视年鉴学派在社会经济史、社会文化史的贡献，而没有如美国社会学界那样将历史研究过渡到对现实社会发展理论的研究。因此，阿里埃斯的《儿童的诞生》以及《直面死亡的人》（1977年）等著作就没有如同马克斯·韦伯的社会学著作在日本社会研究方法论与历史观上所产生到的普遍影响。如果能够对阿利埃斯的青年理论作更加深入的梳理，并且用其方法论对中国历史与现状的青年群体进行研究，不仅可以写出中国社会“儿童的历史”，也能够丰富对青年研究的历史哲学方法论上的学术积累。

第二节　有关青年自我创造的教育社会学思考

德国的社会学家尼古拉斯·鲁曼（Luhmann Niklas，1927～1988）的教育思想论[①]在日本一开始被部分教育研究者所重视。鲁曼的自我创造系统论为青年的成长提供了非常有创见的思考平台。鲁曼作为一个与哈贝马斯有着同等地位的社会学家，虽然形成了自己独创的、严密的理论体系，但因不是一个有着公众性质、公共性质的知识分子，而且行文过于抽象艰深，所以声名并不显著[②]。

鲁曼的自我创造系统是一个以人为主体的内在系统，包含心灵系统、身体系统、神经系统等构成，社会化不是一种社会规范的内在化，青年作为社会化的主体，社会化是以青年主体的心灵系统与社会系统的统一化[③]。鲁曼的自我创造系统理论不是一种经验上的教育理论，而是一种形而上学的思辨理论，也是他有关“复杂性的增大与缩减”理论的延伸。虽然，鲁曼没有特别提到青年这一概念，但他的理论所强调的“时间性”、“生成性”、“再生产性”、“动态性”、“现在的将来性”等要素，特别是教育的机能在于人格形成的观点来看，与青年的特征有着密不可分的关联。

用鲁曼理论来看待青年问题，就是因为外部环境的日益复杂化，使得作

① 鲁曼《信赖——减少社会复杂性的构造》（日文版1990）

② 哈贝马斯、鲁曼合著《批判理论与社会系统理论——哈贝马斯与鲁曼的论争》（日文版1987）

③ 根据Durkheim在1920年对社会化概念的认识，社会化的功能是研究如何在代际之间维系社会构造，以及如何使下一代人继承上一代人的社会经验。

为一个系统的青年内部的复杂化程度增大，“意义”系统的复杂化直接影响到青年自我同一性的形成；自我与他者之间同一性的形成所遇到的困难，产生了所谓的青年问题。鲁曼将“意义”的语境作为青年问题构成的基本概念导入了理论社会学的分析程序之中。

鲁曼的系统理论的目的就是为了创造安定的内外环境，维持自我的同一性，在于重视人类的普遍价值，并通过价值意义的教育达到人格的形成。他认为，现代的教育过分重视青年外在的形式上的成长，倾向于知识结构的形成，而忽视了人的全面发展以及人格教育。现代的教育只是一种技术，一种操作系统，而真正能够解决教育危机，以及促成现代化完成对后现代化转移的是道德教育。

现代化与道德的相互关系在韦伯《资本主义伦理与精神》一书中就已经作了详实的说明，证明了现代伦理是现代社会经济的基础。鲁曼则进一步认为，为了解决心灵系统与社会系统的差异性与复杂性，以及“双重不确定性”，作为伦理原则的诚信与信赖是必要前提。而诚信与信赖的互动关系是确立自我的主体与他者的客体之间同一性的构成与互补的要素，是一种从人格信赖向系统信赖的过渡。信赖与知识信息的关系，是信赖作为“知与无知的合成体”向真知的转换，以完成对“信赖的复归”。

因此，鲁曼对诚信与信赖关系的构成、学习的必要性、对原则的操作、以及复杂性的外部秩序与内在秩序等问题进行了形而上学的思辨，在社会学与伦理学的基础上，对“信赖”作为一个战略课题予以系统的研究，为青年教育提供了全新的思考方式。青年研究的方法论比较注重在调查的基础上做经验社会学的分析与综合，鲁曼的抽象性的思辨方式为青年研究提出了理论社会学的一种可能性。

第三节　作为政治概念的“青年”研究

日本的青年研究一般集中在青年心理学以及教育学的领域，但是，近年以来陆续出现了一些对政治青年、对青年与日本近代化关系的研究论文与书籍，如社会学家见田宗介的《现代的青年形象》（1968）；佐藤守《日本近代青年集团史研究》（1970）；多仁照广的《青年的世纪》（2003）；木村直惠的《青年的诞生——明治日本政治实践的转换》（1998）等。其中，《青年的诞生》一书用详实的史料勾勒出青年概念、青年群体的出现与日本社会、政治的近代化之间的互动关系。

《青年的世纪》和《青年的诞生》这两本书都试图从19世纪末期到20世纪初期这一日本近代化的历史演进中，说明“年轻人”这一社会概念是如何转化为“青年”这一政治概念的。虽然在中国的唐宋元明清等各代的书籍中已经出现了“青年”的词汇与话语①，但是青年概念被政治化，在东亚地域应该发源于日本。根据日本社会教育史上的记载，在1880年一个名叫小崎弘道（1856～1939）的基督教徒引用《唐诗选》里“宿昔青云志，磋跎白发年”一诗中的“青云”之意，翻译“Youngman”创作而成的，有承担近代化的知识青年的意义；之后他又成立了“青年会”。在日本的江户时期（17

① 在中世纪的中国史籍中“青年”一词常有所见，各代略举一二为例。如《全唐诗·卷359》刘禹锡有“长明灯是前朝焰，曾照青青年少时”；《全唐诗·卷467》牟融有“青年俱未达”等句。《东都史略·卷62》（宋）有“狄青……家世为农，青年十六时，其兄……”《太平御览·卷688》（宋）中有“子少青年，从何处而得知”之语。《宋元诗会·卷94·卷95》中有“爱尔青年气独豪”、“青年书记相知久，共按秦筝和玉箫”等句。李流谦《瞻斋集·卷3》有“青年一去不可招”。《元诗选·卷54》有“青年坐失荣华乐”。元代丁鹤年《鹤年诗集·卷2》有“直倚青年骄白日，岂知碧水扬黄尘”。元代谢应芳《龟巢集·卷3》有“爱尔青年二十余，无心富贵独耽书”。明代·王阳明《王文成公全书·卷20》有“向忆青年日，追欢兴不孤”。王世贞《合山堂别集·卷23》里有“青年美才”。《明诗综·卷99》有“青年不可再”。《明文海·卷188》中有“青年博雅”等句。清代《世宗宪皇帝谕订旗务奏议》里有“人属青年”。“青年美质，壮志英才”；“青年有志”等语。可见“青年”一词从中世纪开始，就广泛用于史学，文学，政论等各个方面。明代张景弘所著医书中也有见用“青年”一词来叙述病人的体质状态。

世纪～19世纪）就有了“若者组（年轻人之组合）”称谓的团体，而正式的以“青年”这一概念命名的“青年会”是与明治维新、与日本的近代化联系在一起的[①]。特别是被称之为“日本青年之父”的山本泷之助在1896年所著的《乡村青年》中将青年的概念从知识分子（学生）那里扩展到农民，使得“青年”的政治性质从城市扩大到农村，具有自由民权主义运动的特征，促成了日本社会、特别是政治的近代化。在明治维新之后的20年里，近代民族主义与青年相结合，到中日甲午战争之前日本已经形成了“政治青年”的群体与意识形态[②]。在日俄战争之后，一部分日本青年通过对军国主义的反省，从政治领域逐渐独立了出来，寻找自我存在的个体（私人）的领域，产生了“文学青年”的群体与理念。日本的“文学青年”的理念与著作对20世纪初叶的中国文学界产生了相当的影响。

日本的关于“世代论”的研究也是与日本社会的政治的近代化进程联系在一起，有着鲜明的战略意图。如色川大吉的“明治二十年代的思想·文化”一文，就以当时的自由民权运动进退与天皇制的确立为坐标，将1850年代出生的人划为“明治青年的第一代”，将1860年代出生的人归为“明治青年的第二代”，认为“他们的青春与我国的初期民主主义运动的挫折时代重叠”。因此，日本有关“世代论”观念的出现，应该始于19世纪末叶（明治20年），由德富苏峰在“日本人”杂志上首先提出的。当时的世代论并不是一种将青年作为一种客观对象的研究方法，而是一种对自我在政治的时代空间轴与历史时间轴上的定位，世代论的目的就是在于证明自己这一代人是属

① 从19世纪末美国青年期现象的研究成果来看，“年轻人”（Youth）的称谓是一种广义上的年龄概念，而“青年”（Adolescent）的称谓在当时则包含有着社会精英涵义（见《年青人的社会史》p420）。

② 见内田义彦“知识青年的诸类型”；司马辽太郎《坡上的云》（1978）（在中日甲午战争和日俄战争的背景之下，描述三位日本青年在政治、军事、文学方面各自成长与发展的小说）。

于新的时代，是新兴政治势力的代表者。当时的“世代论”严格的说，只是一种政治宣言。

作为对自由民权主义运动的批判，“青年”的理念也受到了反思，作为一种对抗形式，在当时的日本政治环境下又出现了“壮士”的概念，出现了新政治化（国家）的“壮士”实践体系与后政治化（民权）的“青年”实践体系的竞争。更为重要的是，在19世纪末期，日本社会已经将青年与未来社会、青年与教育的关系综合为一个完整的理论系统，认识到要把握日本将来的社会，就必须理解与把握现实的“青年社会”；认识到对未来社会的把握程度取决于对当代青年的理解程度的原则；教育的政治目的就是影响青年的形成。[①]德富苏峰（1863～1957）这种以“未来—青年—教育”三元论的认知来构筑的青年研究、青年组织与青年教育的政治、社会系统，在一个侧面表明了日本政治社会近代化的完成。1934年大日本联合青年团在纪念建团10周年之际，编辑出版了《若者制度之研究——从若者条款观察若者制度的发展》（1968年复刻版）详尽地汇集了日本历史上，特别是德川幕府的江户世代、明治维新世代、以至大正·昭和初期日本列岛各地区青年团体制度的资料，对日本近代化的研究，对青年政治制度史和文化人类学的研究都有很重要的参考价值。

第四节　生育史心理学与青年自我同一性形成的研究

日本青年心理学者西平直喜从埃理克森（E. H. Erikson）的自我同一性方

① 花立三郎《同志社·大江义塾德富苏峰资料集·19世纪日本之青年及其教育》（1978）。

法论和心理历史研究为起点独创了“生育史心理学”[1]这一学科。所谓“生育史心理学”就是运用传记资料，探索人格形成的机制和过程，属于教育心理学的领域。日本的心理学界对埃理克森的学说一般偏重于其儿童期、青年期的自我同一性的理论[2]，而他对具体实例研究重视不够，如《青年路德》（1958）、《甘地的真理》（1969）、《青年的挑战》（1963）等描述青年与社会相互关系的著作，使得同一性理论的研究趋向于人的内面化与性意识的发展过程。西平的生育史心理学是从人的生涯全过程来进行分析，用传记——包括自传、书信、日记、回忆录、创作、传说等资料，以个人的生命为周长，以终身教育为范围，研究对人格形成产生影响的、具有普遍意义的条件与程序。

生育史心理学根据埃理克森关于人的主体性是身体、社会、文化、精神、历史的综合存在的理论出发，通过对全部人生的把握，来认识青年期自我同一性的形成；全方位的考察人格的各个部分，保持心理研究与思想研究的平衡；研究内因与外因对人格的形成关系。埃理克森的理论比较强调外部因素，特别是母子关系对人格的形成以及社会协调性形成的作用，而生育史心理学则更突出自由意志论和人格的自律形成。并将自我同一性归纳为：成长的自我同一性、个人的自我同一性、历史的自我同一性、存在论的自我同一性、精神病理学的自我同一性；以信赖、自信、自律、使命等4要素为自我同一性的基础；以超越性、伟大性、健全性为人格形成的三大基轴。

使用日记等资料对青年期的研究最早应起于德国青年心理家修勒

① 西平直喜《生育史心理学序说》（1996）《成人性的确立——从生育史心理学观点出发》（1990）。

② 如E.H.埃里克森《幼儿期与社会》（日文版1970）；《人生的周期》（日文版1989）。他的人生周期的阶段论，在日本心理学界有着不可动摇的影响力。

（Charlotte Buhler）在《青年的精神生活》（1921）[1]一书中运用日记了解青年的生活与经验，探索其隐秘的内心领域，解释青年的精神世界。修勒指出："这本书得以传世的价值就在于对日记资料的提示与研究。"西平直喜生育史心理学的出发点是，青年研究不仅仅是从外部对青年的分析，其特点要促使青年对自我的洞察，帮助青年对自身的理解。因此，青年心理学不仅要关心幼儿期体验、性体验等传统的精神分析的领域，更应该从生命的意义，世界观、价值观入手，从青年的未来性出发，研究青年的历史现象与现实存在的现象。他的研究方法是从具体的事例、各案（传记）为切入口，从把握个人生涯的全过程去发现人格形成的规律，从人生的周期性看待青年期的特殊性[2]。西平学说的重点是集中对青年后期和前成人期课题的研究，可以说是一种对历史的回归，因为被称之为青年心理学之父。德国教育家修布兰卡（Eduard Spranger，1882～1963）在他的《青年的心理》[3]就是以青年后期为课题，从道德、法意识、政治、职业、世界观、宗教等思想意识范畴，从理论、经济、审美、政治、社会、宗教等六个方面以类型论为方法对青年（理念型）的心理状态展开研究。西平教授虽然以师承埃里克森为学术的出发点，但是也不可以忽略修布兰卡的研究方法对他在理论框架形成中的影响。

以公开发行的传记、文学作品等比较容易搜集的资料为研究对象、有助于青年研究从专业化向大众化的转变，希望青年研究也能够出现如同法国年鉴学派里被称之为"星期日历史学家"的业余研究者群体。

① 《青年的精神生活》初版1921年，第5改定增补版1929年，第6改订增补版1967年。1969年发行日文版。

② 见西平直喜《青年分析——人格形成的青年心理学》（1964）。

③ E. Spranger《青年的心理》日文版（1976）。

第五节　青年意识与世代论的研究

在一定的历史范畴内，青年性与世代性有着相当接近的同义性质。作为思想史（知性的历史）的一个组成部分，青年意识与社会的主题不仅是对青年知识分子的思想研究，而且也从事研究社会思想对青年的影响。青年作为社会过程中的行动者与观察者，其主观的价值取向决定其行为方式，而理性的、论理性的思考对青年政治行为起到了决定性的影响。因此，对重要思想体系和价值体系的研究也是青年研究一个不可缺少的方面，世代论作为一种研究方法将从青年群体的视角，找寻青年世代与思想家们的世代其相互之间的合理性、成熟性以及发展的方向。

思想的世代性是富有弹性的，不仅有长期的世代，也有短期的世代；而且思想的进程从来就不是直线发展，有弧线、曲线，经常改变自己前进的方向。因此，青年思想学上的世代性质就不同于青年生理学、人类学上的世代划分，简单的以20年周期或者30年周期为尺度区分青年的世代性质。这是“世代论”的一种远近法，以《意识形态与乌托邦》一书闻名于世的曼海姆（K. Mannheim，1893～1947）认为，要理解时代的精神就需要把握青年的思想，而能够理解青年的，也许只有青年自己。他在1928年发表的《世代的问题》一文（日文版1958年），被普遍认为是最有体系地论述了世代原理，从存在的变动、思想的变动的立场出发，运用知识社会学的相关主义方法，对“世代”概念的现实意义与理论意义进行了基础研究。

曼海姆认为“世代”所构成的社会阶层是社会的基础，决定了上层建筑精神生活的辨证发展和运动，而青年正是"批判世代"的一员。曼海姆将思想方式与世代分层联系起来，提出了"世代状态"、"世代关联"、"世代统一"、"世代冲动"等概念，将"世代"概念定义为"共属同一历史的生活共同体"。分析了19世纪以来浪漫主义、保守主义的青年群体与自由主义、合理主义青年群体之间的对立，内部的价值态度以及政治取向，提出了通过青年群体的相互作用，达到复数对立的世代统一的观念。青年世代往往承担起"世代冲动"，即创造思想与精神上新事物的角色。世代现象跨越社会与精神两个方面，作为动态的紧张关系在社会历史中展开①。

意大利成人教育家杰鲁比（E. Gelpi）所著的《生涯教育——压制与解放的辨证法》（日文版1980）提倡与学校教育为中心的知识传递形态不同的、超越自学的范畴，以学习者为中心的主体性的自我教育（以我为主的学习）。这种自主性的学习目的是使得被边缘化的群体（青年、少数民族、女性、失业者、移民、文化与语言上的少数群体等）从压制中获得解放；通过生涯教育使青年从社会的职业分工所造成的人格异化中得以解放，获得健全的、全面发展的人格。生涯教育的实现有可能产生新型的世代关系。

对世代关系研究，是对青年的历史连续性在纵向的时间轴上研究，是对社会构造与价值观的历史与青年的历史并行交替的研究。因此，研究范围也扩大到历史人口学研究、家庭周期与个人周期的变迁研究、劳动史研究、社会经济史研究、儿童保护与青少年福利研究、学校生活史研究、文学的社会史研究、行政史研究等各个与世代论相关的领域。

① 曼海姆认为，世代论不能无批判的假定青年人代表社会的进步性，而老年群体趋向于保守。他以导致德国保守化的20世纪20年代的德国青年运动、德国学生联盟为例，指出青年不可能无条件地倾向进步的立场，在一定的历史环境和政治思潮的影响下，青年群体也可能会出现保守，以至于反动的趋势（《世代·竞争》诚信书房p53）。

第六节　对青年政治社会化形成的思考

20世纪初叶，尼采为了建立哲学意义上的“青年王国”，提出了应该缔造第一代的“屠龙战士”，即有着叛逆精神的知识青年群体。当时称为“自由德国青年”的团体（1911年）就宣称“在任何情况下，为了内心的自由而统一行动”，有组织的追求身体与精神的解放。意大利的青年在克罗齐（B. Croce，1866～1952）思想的影响下，出现了文学上的未来主义思潮，而法国青年则根据自己的需要解读柏格森（H. Bergson，1859～1941）的哲学，形成了与柏格森思想背道而驰的保守“柏格森主义”。哈佛大学历史学教授修斯（H. S. Hughes）在《意识与社会：1890～1930欧洲社会思想》一书中归纳新的一代比上一代人更为保守的原因时，指出社会主义，或者左翼思想在受过教育的青年阶层里比较薄弱的现象，在现代社会思想史里常有发生，往往比不过宗教思想的影响力。青年对社会哲学、思潮所施加的政治影响则是一种不可忽略的现象。

20世纪60年代以后，青年政治社会化的研究在欧美各国有比较大的发展，日本在政治社会化的研究虽然还处于翻译与介绍的阶段，专题研究的著作不多①，从理论建树上将“政治社会化”的概念定义为“政治意识的形成过程”，使这一学科在学术上具备更加精确的论理基础②。比较有影响的是几位美国教授合著的《政治的社会化：市民形成与政治教育》（日文版1989）；F. I. Greenstein的《人的政治心理与行动》（日文版1979）；K. P. Langton的

① 二战前大日本联合青年团著有《若者制度之研究》（1968 复刻版）；战后有竹内真一《青年运动的历史与理论》（1976）；村上也寸志《学生反抗的思想史》（1969）等。其中著名社会学家栗原彬（1937～　）的《现代青年论》（1997）里对高度发展时期日本社会的青年政治意识的演化，特别对同一性与道德性的“两义化”等论述最具代表，但在理论上还是以欧美政治社会学为方法论的依据。

② 见日本政治社会学家岩男寿美子《现代政治意识丛书》的序言。

《政治意识的形成》（日文版1978）等书。这些著作的课题是，在青年的成长过程中对国家、政党、政策、政治领袖等政治问题的取向与态度，意见与行动。

政治教育在古希腊时代就已经对市民进行教育与训练，柏拉图的《国家》、亚力斯多德的《政治学》等著作中都认为是关系到政治社会安定与变动的重要课题。18世纪欧洲社会革命开始以来，市民阶层登上了政治舞台，在经济的工业化、政治的民主化即现代化的进程中，市民的政治意识，特别是青年的政治意识、行为方式就可以左右社会的政治进程。法国的教育思想家卢梭就指出，现代的社会秩序不是刻在大理石上，或是刻在青铜板上，而是刻在人们的心里。这种共同意识构成了国家的体系，使政治法律得到不断创新。人民的行为方式、舆论走向、政治习惯将维护政治制度的原则与权威。

现代政治社会化的研究使用实证调查研究的方法，对调查结果进行理论上的综合。问题是比较缺少对现实社会中各政治机关相互影响与作用的研究；比较缺乏对社会的集体经验（如战争、革命、经济萧条等）对政治社会化影响的研究；还没有能从理论上解释“维持·安定”与“创造·变革”二元对立的政治文化的构造。还缺少对青年政治自我同一性的形成、年龄阶段对政治自我形成等课题做出理论上的说明。这些，都有待于今后研究的深入与扩展。

此外，在20世纪90年代以后，完成现代化进程的日本社会进入了“后青年时期”，大学教育得到了充分的普及，全体国民的素质得到了提高。从这个阶段起，日本的学术界、舆论界就开始有意无意地避免使用带有社会精英·前卫群体涵义的“青年”、“知识分子”等概念，代之以“未成年人”、“孩子”、“年轻人”等政治社会化意识比较淡薄的年龄概念，并且开始反思作为青年研究核心理论的同一化理论。先进社会所出现的“后现代化”与“后青年化”、“后同一化”的现象，应该引起关注。

第七节　社会变动与青年社会学的研究

社会学、心理学、人类学等学科都是在对经验的研究之上形成理论体系的，而青年社会学、青年社会史学的理论体系的形成，至少在日本还显得很单薄。日本的青年研究主要集中在青年心理学的领域，有独立的学术团体与学术刊物[①]。与青年社会学相关的翻译著作有美国社会学家李斯曼（D. Rieesman，1909～）的《孤独的群众》（1950）；美国心理学家凯尼斯顿（K. Keniston，1930～）的《提出异议的青年》（1971）、《青年与历史》（1968）；美国社会学家季利斯（J. R. Gillis）的《年青人的社会史》；弗洛姆（E. Fromm，1900—1980）的《逃离自由》；美国学者噶斯与司密斯合著的《性格与社会构造——社会制度的心理学》；美国法律学家克拉克（A. R. Charles）研究20世纪60年代青年运动的《绿色革命》（1970）等。

在季利斯的《年青人的社会史》里，是将青年期看做个人成长与社会发展的反转的对称轴，个人的自我同一性取决于社会普遍的价值观。所谓世代对立的概念，只是对现实社会里阶级对立、民族以及种族对立、性别对立的一种超越性的理念，是青年希望自身能够从历史遗产的重负中解放出来。在

① 在日本的青年教育学领域里有些研究成果是非常值得重视的，如东京大学的西平直关于在社会化过程中青年的时间感觉的研究论文。从人生周期的各个阶段，从人与人关系的横向轴与时间感觉的纵向轴的关系上发现青年自我同一性的形成的新特征。从一个全新的视角发展了埃里克森的建立在人生阶段论上的同一性理论。“作为存在理论的时间感觉——人生周期中的时间论”《教育人间学》（2005）。此外，京都大学的矢野智司关于社会现代化过程中，人生周期里自我时间意识的新变化与青年期互动关系的论文也非常有参考价值《未成年人的教育思想》（1995）。

考察世代与社会阶级的关系时认为，青年不是一种社会阶级，因为青年群体在整体上与社会化的基本方向是一致的；青年的社会化并不采取被动的、顺应的方式，而是以积极的姿态以“适应”社会。青年社会化问题的产生，是在于现代化理论与青年文化之间的差异，是青年文化对被主流文化同化过程中的反抗，以及与各阶级文化进行重组与再编的过程。现代化理论要求青年继承已经形成的社会文化价值，而不能够正当的评价青年的自由意志与创造能力。1968～1969年度在世界各地的青年运动，就是青年自己创造历史的一种尝试。

凯尼斯顿对20世纪60年代的青年反抗运动分析了当时两种社会化观点：第一种自由主义的社会化观点是，从历史发展的进程看，由于青年反对包括知识产业在内的技术进步的社会基础，因此先进国家的青年运动的性质是反革命的；另外一种相反的观点认为，青年的对抗文化实际是一种“再生文化”，是为了解决人与人之间的商品化以及异化关系，提倡人性的解放，具有革命世代的性质。这种革命性质决定了青年运动处于现代历史发展以及社会化的前卫集团。凯尼斯顿认为现代青年运动与后现代化相关，青年阶段所呈现出的流动性、人道性、反技术性、非暴力等性质属于后现代化的行动模式、青年的追求与历史的发展趋势一致[①]。

《绿色革命》一书对青年社会化里革命性质予以分析，认为青年社会化里革命因素是个人性与文化性的，虽然其结果必然会影响政治构造的变革，但应该是非暴力的，也没有必要使用暴力。20世纪70年代的美国青年研究是从青年的立场上理解新一代人的政治意识与行为模式，有着浓厚的新左翼思潮的历史哲学与社会观念的影响。

① 《青年与历史》K. Keniston（三铃书房日文版p254）1973年。

从理论意义上，青年社会化里的这种批判性质与革命性质并不否定社会规范·文化理念·人文价值的内在化，而是在人性具备可塑性的原理下，探索在人性·人格里的潜在的、未曾开发的可能性，并予以社会实践。这应该成为我们对青年社会化研究的一个重要的课题。

第八节　社会科学的重要领域——对青年现象论的研究

对青年本质论的研究是青年研究的出发点，也是青年研究的科学体系构成的归结处，所有的课题研究，实际上都为了解释和阐明这一核心问题。日本著名的社会学家栗原彬认为、对青年现象的研究不仅要阐述青年的事实，更需要了解青年的“真实”、“现实”、现象的实在性（actuality）；青年问题不仅是心理问题更是社会问题；对青年不仅应该作客观观察，更深入到青年的自我意识中认识青年作为客体存在和主体存在的矛盾与同一性。从青年的人生周期、创造周期，青年与历史的交叉等领域探讨青年现象的本质[①]。

从20世纪初期曼海姆的《世代的问题》起，对青年现象的本质研究如同一道蜿蜒的学术细流延绵至今，近一个世纪以来虽然不是显学[②]，但也未曾间断过。在1928年曼海姆就指出，世代的问题是人的生命存在的规律与历史发展规律相互交汇的结果；世代的问题不仅是一个计量性的、外在时间型的、实证主义的问题，更是一个体验性的、内在时间型的、历史存在的问题。对照生物学、心理学和实证主义方法论的计量时间观念，曼海姆提出了把握世

①《现代青年论》p11栗原彬（筑摩书房）1981。
②曼海姆在论文中所引用有关世代问题的研究，最早有1874年发表的文献。

代本质的、内在体验的时间观念，即社会运动、思想运动对世代统一性的内在影响、时代精神对世代的内在目标形成所起到的作用。他用处于鸦片战争以后半殖民地时期的中国青年与处于大国崛起时期的19世纪德国青年的不同历史使命，说明各自所属的历史生活共同体对世代状态的影响。曼海姆指出了对青年研究的复杂性，并已在国际范围内探讨世代的问题。可见20世纪初叶对世代、青年研究的问题意识和我们今天所面临的课题没有什么不同。因此，如何在学理上，在学术范畴内，通过经验研究与哲学思辨、历史考证，综合与梳理国内外在青年研究上的成果，开展对青年现象论的探讨，应该是21世纪青年学科建设的努力方向与具体的研究课题。

一般认为青年研究的领域具有综合性、多学科的学术性质，这与“后专门化”的当代学术环境有着相辅相成的关联。青年研究作为政治、经济、法律、教育等诸学术系统的复合体，从“自我—他者—公共世界”三者相互作用的关系与“同时生存的非同时性质”的生成关系中探索青年本质的存在与意义。从对青年现象论的研究过程中发现作为新时代社会精英的、作为理想人格与公共性质的国际化的“青年”形象。

青年现象论的研究需要大量的经验的、心理学与社会学的现状分析，没有规范化的经验研究和调查数据的统计与分析，就会陷入形而上学的逻辑怪圈里不能自拔。同时，青年现象论本身具备着现代思想史上的意义，对现代化社会与后现代化社会来说，具备着“发展”与“进步”等意识形态的实质，世代现象是社会生成与发展的一个历史动态部分。因此，青年现象论也是哲学的、社会思想的研究。由于青年社会化涉及到了“多元化”、“共存”、“和谐”等社会理念，青年现象论也应该对社会系统作全面的考察。

对青年思想史的观察中可以发现，政治学里以“公正与正义”为原则的社会理论对青年的影响，要比以“追求最大多数的幸福”为原理的功利主义[①]的影响高出很多（左翼如马克思主义对世界青年运动的影响，右翼如二战前国家全体主义对德、日青年群体的影响）。由此，可以推断出青年现象论里应该具有“多元性、复合性的共同体价值”为原则基础的社会生活共同体的正义论[②]。

青年作为一种现代社会的中间集体（群体），是“市民社会”的构成部分，相对于政治·经济社会等国家系统的上层建筑有着一定的具有独立性与自律性的“中间”特征。因此，对青年的“独立性”与社会的“共通性”之间相互作用所达成的最大公约数[③]，即“公共性”和“公共空间”[④]的政治哲学上的探索，应该是青年本质论的一个重要课题。在这一领域里，德国的哲学家阿兰德与哈贝马斯的社会化理论、鲁曼的系统理论、曼海姆的知识社会学以成为青年现象论研究的社会哲学与方法论的源泉。

青年的多样化的个体性与社会的共同性相互作用中，当共同性压倒个体性时就会出现对立·纷争的局面；而个体性能够得到发展，那么向共同性的过渡就是和谐与和睦的，就体现了公共性质。这与中国古代思想史中保持个体的活力和自主性的基础上实现“大同”、“天下”（礼记）中和谐理念（天道）有着天然的联系。因此、我们可以认为对青年现象论的研究不仅适应当前的政治任务与社会发展以及现代化进程的需要，而且也将汇入中国文明的天涯无际的历史长河之中。

① 亚里士多德在他的《伦理学》（日本版2002）p350中有“在年青人成长过程中，人们往往像喝醉了酒那样陶醉，因为青春就是快乐的”那样对青春期快乐论的叙述。

② 见东京大学的山协直司《新社会哲学宣言》（1999）p134对罗尔斯“正义论”里权力中心主义与共通善思想的论述。

③ 参见阿兰德（H. Arendt，1906～1975）的《人的条件》（1958）p50有关“生命性”、“世界性”、“多样性”等三要素所构成的“共通世界”的论述。

④ 可参考哈贝马斯的《公共性的构造转换》（1990）中有关文化差异对构成“世界市民的公共性”的作用以及意义的论述。

第二章

“青年”与“少年”

——从古代文献的分析到当代研究的展望

引　言

对古代文献中“青年”、“少年”概念的分析中可以发现，作为边缘化的弱势群体的青年在与主流社会的历史互动过程中，青年的主体性、自主性逐渐地清晰与明确化；主流社会对青年的未归属性中所体现的公共价值、未来性的认识也得到不断地加深。并且，当青年的代际现象在与历史的变革阶段相重合时，青年群体创造历史的能量与作用就显得十分突出。随着近代化、现代化进程的加快，当变革周期与青年成长的代际周期接近时（20～30年），“青年”的概念作为公共价值未来性的体现，其政治、经济、心理、思想、文化的社会角色与历史意义就被确定了。

第一节　青年认识论的进化

中国传统社会的一个重要特征是重视文化以及家庭、家族、地域社会、“天下”的基本伦理的传递与继承，这构成了中国文明的延续性，也是中国文明比之其他古代文明更具有顽强生命力的根本原因。因此，中国传统文化重视对历史发展规律的研究，重视对个人的生命周期和代际的年龄等问题的认识，也重视青年在变革时期的先锋作用。如果我们能够从古代文献的研究入手，应该可以从生物学、生理学意义上，从社会学、政治学以及思想史的变化上发现对青年现象认识的进化形态。有一部分历史学家认为，从中国历史的思想文化进程来看，中国的近代化有其内在的发展规律和过程，并不仅仅是受到了西方文明的外部影响[①]，可以称之为“内在的近代化”。如果从这一“内在近代化”的学说出发，考察中国古代文献里对青少年现象表述中所包含的近代文明和现代化的遗传基因与潜在可能性，既有着历史研究的现实意义，也可以深化我们对中国社会中青年现象与本质的认识。

对青年现象作历史研究和考证，目的不仅是为了弄清青年现象的历史存在与演变，也是为了对青年思想史中青年认识论的发展作一个历史学上的考察。

从史书、文学、诗歌、地方志等中国的历史文献中，可以发现中国社会以及知识界不仅重视对人生周期的探讨，而且也重视人生周期中的青年·青春阶段。在古代文献中反映出的对青年现象的认识，以及对少年群体的认

① 沟口雄三《中国的冲击》（日文版），东京大学出版社2004年。

识，对青春的感受，都是中国主流社会在历史进程中对自身发展的态度和感受，以及对个人与群体生命周期理解的加深。从感性的、文学的语言到历史的、思想的描述，对人生周期的认识，从对其自然性质的认识和区分，扩展到对其文化性质以及社会性质的认识，以至于深入到对历史存在的意义和使命的认识。任何时代的有关青年问题的中心都表现为对历史发展的规律，个人的生命周期和代际年龄的一种关怀，也是对生物学、社会学、思想形态、人类的进化形态等知识领域在认识论上的进步。

青年观念的历史变化是一个渐进的过程，是一个在时间与空间上逐渐扩大、延伸的过程，从个别的群体到地域，以至于国家的范畴；从为现实政治力量服务过渡到面向未来社会的权力与义务；从现存价值理念的传承到新型的文化资本的创造。我们一直在讨论的青年的本质其实是一种未来的价值体系，一种还没有被充分表现出来的人类的潜在的能力；而青年研究正是将这种未来价值的现代化、潜在能力的现实化的集约过程。

在不同的历史阶段，社会对青年集团的重视程度有很大的差异。在近代史的革命与战争的年代，人们重视青年集团的政治性和军事性，因为战争的主体是由男性青年群体所构成；在和平建设时期，人们重视青年群体作为消费群体的经济性以及文化的创造性；在后现代化时期，人们不仅重视青年在现实社会中的角色与责任，而且也开始关心青年群体在未来的利益与使命。从对青年现象的历史研究中，可以发现对青年的认识，在时间上、空间上都不间断的、逐步的扩展、延伸，从政治领域扩展到社会的各个方面；从现实社会的利益与责任，延伸到未来的时代的使命与发展。

第二节 历史上的"青年"概念

"青年"这一概念最早出现在什么文献上还没有能够予以考证，至少我们在公元8世纪唐代《全唐诗》里可以看到，牟融已经有了"青年俱未达"（卷467），刘禹锡有"长明灯是前朝焰，曾照青青年少时"（卷359）；段成龙《酉阳杂俎续集》（卷3）里也有"皎洁玉颜胜白雪，况乃青年对芳月"的诗句，但不多见。自公元11世纪宋代起，"青年"概念的使用频率大幅度增加，不断地出现在各种文献之中，如《太平御览》（卷678）中有"青年从何处而得知"；李流谦《瞻斋集》（卷3）有"青年一去不可招"等句。陈亮《龙山集》（卷16）中写到"亮，青年立志，白首奋身"；文天祥《文山集》（卷2）有"见说青年文赋好，士龙一笑共云间"等句。而到了13世纪元代，"青年"的话语开始频频出现，应该成为青年历史研究中一个值得注意的文化现象。

如元代的文献中多有"青年敏学"、"青年好学"、"青年俊气"①、"青年尚奇伟"②、"青年如画"③等话语，元代丁鹤年《鹤年诗集·卷2》有"直倚青年骄白日，岂知碧水扬黄尘"句，这些对青年特征的形容已经与我们今天的青年观很有了几分相似之处。元代的谢应芳作为诗人可能少为人知，但确是青年历史研究中不可或缺的人物。在他的诗集《龟巢集》中常出现有关"青年"的话题，如"爱尔青年二十余，无心富贵独耽书"（卷3）、"三十青年气食牛，貂蝉未得出兜鍪"（卷5）、"青年肥豚方求志，白首贫交独念予"（卷17）、"青年自是好游者，白首始知行路难。一寸芳心徒似铁，数茎秃发不胜冠"（卷17）；还有"青年去了，青衫破了"（卷12）等

① （元）李祁《云阳集·卷5》。
② （元）《九灵山房集·卷15》。
③ （元）《惟实集·卷2》。

词，不仅反映了诗人对青年时代的追思与留念溢于言表，而且也说明了“青年”的概念至少在知识阶层里已经成为一种常用语汇。

到了元代社会，女性也开始与青年的概念有了交汇，用青年一词形容女性的话语开始多了起来，如“王客女，春花面璞，玉躯青年”①这样的文学描述。元代《玉笥集》里有“青年廿九桃花颜”（卷1）、“青年十三动人主”（卷2）、“大堤女儿何命薄，青年坐失荣华乐”（卷3）等句。这里的“青年”显然是在描述女子，因为“桃花颜”、“动人主”的诗句应该和男性无关。有意思的是“青年廿九”、“青年十三”两句，很象是元代社会对青年期从13～29岁的年龄划分，一种约定俗成，可惜没有找到更多的旁证。

以13世纪晚期宋末元初文天祥的“相思处，青午如梦”②词为起点，青年现象“内在的近代化”就有了十分鲜明的发展，有了更多的近代意义上的内涵。青年现象、青年概念出现了诸如理想、爱国、希望、志向、学习、爱情等近现代社会理念的萌芽。

《宋元诗会》中有“爱尔青年气独豪”（卷94）、“青年书记相知久，共按秦筝和玉箫”（卷95）；元代《玉笥集》“青年忧国泪，白发奉亲心”（卷8）；许恕《北郭集》“青年嗜好有如此，文物迫出常人群”、“未可青年论出处”（卷2）；赵方《东山存稿》“秋帏摧秀独青年”（卷1）；《桂隐诗集》“云霄横骛正青年”、“漫忆青年气搏丛”（卷2）；郭钰《静思集》“嫦娥怪我发星星，谈笑犹作青年想”（卷5）；“萤囊雪案度青年”③；“青年无可畏”、“青年肯与世浮沉”④等，都有着近代青年现象各种特征的描述。

① （元）杨维桢《铁崖古乐府·卷3》。

② 《文山集·卷19》。

③ （元）《燕石集·卷12》。

④ （元）《至正集·卷18》。

在传统的历史研究中，往往将中国近代化的萌芽阶段归纳于16～17世纪的明代社会，除了中西交通史、元曲以外，不太重视对14世纪元代历史的研究。从青年概念在元代社会的发展，可以重新认识到元代在社会进步、文化建设，以及在中国文明史上的重要地位。

明代对青年现象的认识基本上是继承了元代的青年观，其内涵与外延的发展并不明显。如王阳明《王文成公全书》有“向忆青年日，追欢兴不孤”（卷20）；王世贞《合山堂别集》里有“青年美才”（卷23）；《明诗综》有“青年不可再”（卷99）；《明文海》中有“青年博雅”（卷188）；“之子青年独老成”①；邓雅《玉笥集》中有“此行不负青年志”（卷4）等句。

到了清代（17～19世纪），“青年”的概念已经被广泛的运用，由于青年人口的大幅度增加，作为乾隆皇帝指出的“青年近亿往，黄发盈千归”②剧增的青年现象也开始成为社会问题。在大臣奏议上有“青年美才”、“青年妙质”、“青年邃养”、“青年壮志”等形容词③；《世宗宪皇帝谕订旗务奏议》里也有“人属青年”；“青年美质，壮志英才”；“青年有志”等语。

唐代孙思邈的《备急千金要方》、明代李时珍《本草纲目》等代表性医书中还是延用“少年”一词来形容青年，而到了清代如《续名医类集》、《医门法律——寓意草》等医书中多处用“青年”的字样来描述病人状态。很明显，到了清代，中国民间社会已经习惯了“青年”用语，值得注意的是，在各地的地方志里出现了大量的“青年守节”的字样，“青年”一词被更多的用于妇女。这说明了“青年”一词脱离了上流社会话语圈，开始有了民间社会的通用性，也表明了青年的概念已经开始具备了社会的普遍性。

① （明）《可闻老人集·卷3》。
② （清）《钦定热河志·卷4》。
③ （清）《谭襄敏奏议》《张襄状奏疏》。

在清代的《江南通志》、《江西通志》、《湖广通志》、《山西通志》、《陕西通志》、《盛京通志》、《广东通志》、《浙江通志》里除了用“青年守节”以外，还有“青年守志”、“青年矢志”、“青年励志”、“青年砥志”、“青年誓志”等词语，用于对妇女贞节行为的表彰。虽然这些词句在当时只是用于维系礼教，只是束缚妇女的精神枷锁，但是，它也指出了青年与志向的潜在关联，在潜意识中指明了拥有“青云之志”是近代青年以至现代青年的基本性质。

中国古代思想史上的“志”是一种对人的主体性的表述；“立志”是一种确立人的主体性的用语。“立志”包括对自我主体性的认识以及对社会的主体性，即确立人与社会相互关系的方向性。“立志”的理念是儒家的核心思想之一，早期只用于如“君子”“士大夫”等精英阶层，到了明清时代已经开始深入到民间社会，王阳明“满街皆是圣人”的名言就是佐证。因此，指出青年与立志的相关性，说明了清代中叶以后的中国社会已经开始潜意识地认识到青年的主体性，以及这种自觉的主体性将影响到中国社会的发展方向。在中国近代的政治史、文化史、新闻史上的“青年”概念是受到了日本和欧美文化界的影响，我们要指出的是这种对青年主体性的认识早已在中国社会里有了深厚的根基，“青年”的诞生应该是一种历史发展的必然。

从以上的史料所描绘的青年姿态来看，其贵族性质与上层文化人的形象是十分鲜明的。《二程遗书》（卷15）里指出“古者八岁入小学，十五入大学，择其英才可教者聚之，不肖者复之田亩。盖士、农不易业，即入学则不治农，然后士、农判”。从上文中所述的阶级分层可以看出，中世的中国社会里“青年”这一用语是上流社会的绅士阶层所专享的话语表现。

此外，“青年”虽然是一个名词，但更多的是作为形容词在使用；是表现个体的青春期现象而不是群体的青春期现象。在我们能够找到的资料上看，古代文献中的“青年”概念，只是一种对生理的自然现象，而且是一种个体的、贵族式的、对文人或知识分子个人的描述，更多的是用于形容，并没有把“青年”这一名词作为一个社会群体，一种代际现象来看待。

但是，自元代以来，我们从文献中、古代诗词中找到越来越多的有关“青年”的话语和表述，虽然由于其历史语境的局限，和现在我们在青年研究中所使用的“青年”概念之间还有相当的距离，但已经有了许多关于青年特征的共通之处。清末有关青年与立志的话语与表述，体现出青年的概念开始摆脱生理的自然现象，个人的人生周期；所谓立志是明确了对社会的责任，特别是明确了对理想社会、理想人生的追求，为中国历史的“青年”概念与中国近现代社会的“青年”理念之间的过渡，架起了青年从个体性质到社会性质的近代化的桥梁。

第三节 历史上的“少年”概念

中国古代文献中“少年”的概念出现较早，至少在2400年前的战国末期，对“少年”就有了记载。《韩非子》（卷9）“子产死，游吉不肯严刑，郑（国）少年相率为盗，处于萑泽，将遂以为郑祸。游吉率车骑与战，一日一夜仅能尅之”。用“少年”一词来表述我们今天所说的青年，特别是青年群体以及青年犯罪。

公元6世纪隋代巢元方的《巢氏诸病源》（总论卷45）里有一段很珍贵的论述：“经说年六岁已上为小儿，十八已上为少年，二十已上为壮年，五十已上为老年也。”这是以人的生命周期为基础、划分人生的各个年龄阶段。可以让我们知道在1400年以前，其所指的“少年”的概念应该在18岁左右。

在司马迁的《史记》（项羽本纪）中有：“东阳少年杀其令，相聚数千人，欲置长无适用，乃请陈婴。婴谢不能遂，强立婴为长县中，从者得二万人。”

《项羽本纪》是《史记》中广为人们所熟悉的篇章，叙述的是中国2100年前的秦汉历史时代。这里所说的有能力诛杀县令，“相聚数千人”的“东阳少年”，很显然，就是我们今天所说的“青年”，只有青年人才可能具备这样的力量和胆略，以及义无返顾的反叛精神。在《高祖本纪》中萧曹、樊哙等人在从刘邦早年起事时，被称作“少年豪吏”，即青年官僚。《留侯世家》中有张良研读《太公兵法》十年，“陈涉等起兵，良亦聚少年百余人”的叙述；《樊郦胜灌列传》也中有“郦商者高阳人，陈胜起时，商聚少年，东西略人得数千”。

可见，至少在秦末汉初，少年（青年）已经成为变革社会的先锋，都是以少年群体为造反核心聚集群众。作为历史学家的司马迁已经注意到青年（当时用“少年”这一名词）在社会变革中的特殊地位和作用。

“彭越者昌邑人也，字仲，常渔巨野泽中。为群盗陈胜项梁之起，少年或谓越曰：诸豪杰相立畔秦，仲可以来亦效之。彭越曰：两龙方斗，且待之。居岁余，泽间少年相聚百余人往从彭越，曰：请仲为长。越谢曰：臣不愿与。诸君少年强请，乃许”见《彭越列传》。

荀悦在《前汉纪》（卷2）里 补充到“初少年相聚百余人，请（彭）越为长。与期会，十余人后至。越曰：请斩最后至一人，众皆笑曰：何至如是。越遂斩之，立约束而盟。徒属皆惊，而不敢仰视”。在中国的史书中，“少年”都是军事力量的主力[①]，虽然多用贬义词，如“恶少年”之类，但从

① “聚得少年四千人”《资治通鉴》卷8。

上文来看，青年群体并不是一群乌合之众，也是能够令行禁止的集团。

《史记》中多次出现的少年均无姓名，这里所引用的“东阳少年”、“泽间少年”、“少年豪吏”可以认识为个人，也可以认识为小规模的青年群体和集团。特别在“彭越列传”中所形象描绘的，多次鼓动彭越起兵反秦的“泽间少年”，更像当地的青年群体。《后汉书·刘盆子列传》中也有类似的对少年群体的表述[①]。司马迁对历史的洞见是令人信服的。他所注意到的“少年”（青年群体）在历史变革众的积极作用，即主流社会的士农工商等传统阶层以外，“少年”（青年）群体的重要性，是后世许多历史学家所不具备的。在惜字如金的古代，能够有意识的大量使用“少年”的概念叙述史实，认识到青年的未归属性在社会政治变革中的先锋作用，司马迁应该是第一人。

至少从汉代起，中国社会就存在有青年阶段和青年阶层。如《前汉书·游侠传第》里有“剧孟行，大类朱家，而好博，多少年之戏”。这里的“少年之戏”应是指当时都市中的少年（青年）文化，或青年游戏，有别于一般的成人娱乐。《曹子建集》（卷9）“名都多妖女，京洛出少年。宝剑直千金，被服丽且鲜。斗鸡东郊道，走马长楸间。驰骋未能半，双兔过我前。揽弓捷鸣镝，長驱上南山”。曹植所叙述的应该是魏晋时期“少年之戏”的一部。剧孟是当世大侠，胸怀气魄当有违常人，母亲去世时“自远方送丧盖千乘”，可见社会影响也很大。因此他所爱好的“少年之戏”，内容不会粗陋或幼稚，既然区别于成人文化，那就是一种汉代流行的青年文化了，可惜记载太简略，使我们不能够详细地了解其内容。任侠文化应该是一种古代的青年文化，任侠所体现的超越国家政治制度的个体性，超越身体局限的超人

①《后汉书·刘玄刘盆子列传》：“吕母怨宰，密聚客，规以报仇。母家素丰，资产数百万。乃益釀醇酒，买刀剑衣服。少年来酤者，皆赊与之。视其乏者，辄假衣裳，不问多少。数年，财用稍尽，少年欲相与偿之。吕母垂泣曰：所以厚诸君者，非欲求利，徒以县宰不道，枉杀吾子，欲为报怨耳。诸君宁肯哀之乎？少年壮其意，又素受恩，皆许诺。其中勇士自号猛虎，遂相聚得数十百人。”

性，超越现实追求理念的完美性等形象，直到今天（武侠文化）仍然对中国男性青年，包括成年男性在内有着深刻的影响。

秦末汉初时的少年（青年）的概念，除了个别以外，应该是指那些20岁以下，没有固定职业的个人与群体。如〈黥布列传〉中有黥布“秦時为布衣少年”的叙述；《淮阴侯列传》里韩信称赞让自己受胯下之辱的“淮阴少年”是壮士，任命为楚中尉。《大宛列传》中有“拜李广利为贰师将军，发属国六千骑及郡国恶少年数万人，以往伐宛”的记述，其中“郡国恶少年数万人”从军远征大宛的史实，应该比较清楚地表明了当时“少年”相对成熟的年龄阶段以及低下的社会地位，而且其“恶少年”能聚集“数万人”之众，可见非农业、非固定职业的人口已经成为社会问题。

在中国古代文献的官方撰写的正史里[①]，都有对“少年”即当时的青年群体的描述，而没有使用“青年”的字样，即使在宋元以后的史书中，也没有使用“青年”的概念。因此，“青年”作为一个政治概念，一种政治性的群体在中国政治舞台上出现，应该是进入20世纪以后的事件。青年在中国古代、中世纪社会里的政治角色、政治作用，都是以“少年”形象出现在历史舞台之上的。另外，当时“少年”的概念，与以后的“青年”概念不一样，应该只是指男性的青年个体和青年群体，而不包括女性在内。在历史语言的发展过程里，“少年”的语义中包括有女性，应该是近代化以后形成的。

在《史记》以后的史书中，凡有王朝变更、社会动荡之时，往往会以“少年”（青年集团）为军事力量的主力。如《三国志·魏志》（卷18）：“许褚，字仲康，譙国譙人也。长八尺余，腰大十围，容貌雄毅，勇力絶

① 除南齐书以外，史记、汉书、后汉书、三国志、晋书、宋书、梁书、陈书、魏书、北齐书、周书、隋书、南史、北史、旧唐书、新唐书、旧五代史、新五代史、宋史、辽史、金史、元史、明史以及清史稿等正史里都有许多对“少年”（青年现象）的论述。

人。汉末，聚少年及宗族数千家，共坚壁，以御寇。”

《三国志·吴志》：“（鲁）肃见（袁）術无纲纪，不足与立事。乃携老弱，将轻侠少年百余人，南到居巢，就（周）瑜。”（卷9）：“甘宁，字興覇，巴郡临江人也。少有气力，好游侠，招合轻薄少年，為之渠帥。”（卷10）

《新唐书》（卷110）：“郭孝恪，許州阳翟人。少有奇节，不治资产，父兄以为无赖。隋乱，率少年数百，附李密。”《明史》（卷122）：“会元政乱，（郭）子兴散家资，椎牛釃酒，与壮士结纳。至正十二年春，集少年数千人，袭据濠州。”

在中国历代的史书中常常会看到“恶少年”的名词出现，如（宋）司马光的《资治通鉴》（卷21）：“赦囚徒，发恶少年及边骑，岁余而出敦煌者六万人。”那么，“恶少年”究竟是一种什么样的青年集团呢？《汉书·昭帝纪》：“发三辅及郡国恶少年”的注释里“师古曰：恶少年，谓无赖子弟也”。在《史记·高祖纪》：“大人常以巨无赖”一句的注释里“晋灼曰：赖、利也。”所谓“无赖”，是“无利入于家也。”东汉许慎《说文解字》里指“赖，赢也”，也就是赢利、得益的意思。

显然，秦汉时代以及中世纪的中国史书上所出现的“恶少年”，应该是一些没有固定职业、没有固定收入，没有财产的、受到社会歧视与排斥、处于边缘化状态的青年群体。可见，青年的社会边缘化问题在古代中国就已经存在了。另一方面，所谓“恶”，自有其凶猛凶暴“恶戾”的一面（史记·齐悼惠王世家）；所谓“无赖”，也有其“多诈狡狯”（史记·高祖纪·集注）的特征，因此处于边缘地带的青年群体也并不仅是一个弱势集团，“少年负壮气，奋烈自有时”[①]它潜在的能量与爆发力、破坏力是任何政治势力所不能忽视的。

①《李太白集·卷6》。

第四节 作为历史现象的青年

中国历史上有“青年”的概念，也有“少年”的概念，在古代文献上这样对代际认识的语言经常会出现，说明了成人社会认识到了代际问题。在历史语言的发展过程中，这些概念所包含的内容，以及意义都有变化，和近代化以后的“青年”、“少年”、“青少年”的概念有着许多相同与不同的地方。其中，最大的区别在于，如何看待青年作为一种历史现象，一种社会现象，一种政治现象，一种生理与心理现象，一种代际现象的使命与作用。作为思想的青年现象不仅存在于青春期年龄阶段的群体，而且也体现在成年人群体之中。

“青年”的概念起于对“青春”的认识，也是社会对人生周期认识的过程。“青春”是以人生周期与自然周期相对应，用自然的统一性认识人生的规律，将青年现象与自然现象相统一。从对年龄的认识到对生命的循环，对社会与人生各种现象因果关系的理解，“青春”都起到了重要的作用[①]。从社会学史上来说，对“青春”概念的认识最具思想的内涵，不仅是中国古代对代际问题思考的一个组成部分，而且是描述现代青年形象、解释青年现象的一个不可缺少的理论与文学的理念。

中国最早的诗集《诗经》里就有“青青子衿（青衿是学子们的服装），悠悠我心”；“青青子佩，悠悠我思”（毛诗注疏 · 卷7 · 子衿三章）不仅赞美了青年学子，而且对青春期的心理状态也有了相当的认识。《诗经》为孔子（公元前551～前479）所编，也就是说，至少在2500年以前的中国社会文化对人生周期的认识，对代际的理解，在“青青子衿”这一诗词中已经有了端倪。

战国时期的屈原有“青春受谢，白日昭只，春气奋发，万物遽只”（楚

① （明）《普济方 · 卷226》“青春丸，专治少年梦游”。很明显，在中世纪的中国社会，是将“青春”与“少年”的概念对等平行的。

辞集注·卷7）的诗句，汉代王逸在解释这一句指出“青，东方，春位其色青也”[①]。“青”与“东方”的一致性，是将青年的社会地位与地理上的东方相对应，这种思想在2000多年的岁月流失中逐渐形成为一种历史观念。这种历史观念与毛泽东对青年是“八九点钟的太阳”的经典表述一脉相承，都是将青年的社会地位与无限的可能性与东方相对应，成为对青年性质最形象的说明。

中国的传统社会对青年的认识，除了对青年的自然性质，即青春的赞赏以外，基本上是采取否定、不信任的政治立场。这与近代化开始以后在政治上对青年的肯定态度有着很大的区别。如宋代严粲所撰《诗缉》，借分析《诗经·小雅》（卷18）指出：“诗人之意正谓少年轻俊之人，往往以勇力求胜，未能深谋远虑，唯方叔老成，故能尚谋不尚战，以谋为壮，不以力为壮也。”诗经的原意是否如此，且另当别论，问题在于宋代的知识分子对少年（青年）现象的一种成为固有逻辑的认识。又如，北宋程明道“旁人不识予心乐，将为偷闲学少年”的诗句广为人知，应是对青少年的自然纯真、天然朴实的肯定。但稍后南宋的朱熹则认为“此是后生气象眩露，无含蓄”[②]，给予了批判意义的注释。朱子学说对中国的明清时期的意识形态的形成具有很大的影响力，当然也反映了社会对青年的负面认识。

不仅在宋代，在中国历史上的各个阶段，即近代社会以前的各个历史阶段上对少年（青年）的政治行为和政治立场多持有否定的态度，一般的学者大多对青年的未成熟性予以批评与指责[③]。这种青年认识论与中国近代化过程

① 《楚辞集注·卷7》。

② 《朱子语类·卷93》。

③ 如“少年浮躁”（周易详解卷7）、“少年自用不恤”（庄子口义卷2）、“少年一时之崛奇”（孟子传卷15）、“少年不经事”（周易参义卷1）、“不知时而冒进也”（同上卷4）、“少年新进，不能度势量力，急于求进，而不能济”（周易文诠卷2）、“半途而废，进锐退速”（易斟卷12），“少年只要想我见在干些什么事，到底成个什么人？这便有多少恨心，多少愧汗，如何放得自家过”（呻吟语卷上）。以青年不成熟性为根据，批评青年的政治现象与政治作为。

中对青年政治行为、政治立场的高度肯定的认识论形成了鲜明的对比和思想落差。从历史发展的立场上肯定青年的思想意识，是社会现代化过程中不可缺少的世界观和方法论。

近代以前的中国政治史，文化史对青年现象的认识有一个逐步形成与发展的过程。由于青年一直处在社会的边缘，成人社会虽然对代际有所认识，毕竟代际现象并没有形成社会问题，因此直接反映青年现象的文献不多。但是，就这些不完整的资料，也能使我们对中国历史，以及历史语言上对青年认识的发展有所了解。其中有一个共同现象是，在古代文献中可见的“少年”的概念，只是这一年龄阶段的男性现象与行为，没有女性的形象，不包括女性在内。而“青年”的概念里有对女性的描写，与近代社会越近，“青年”与女性的关系就更为频繁。在描述青年群体是一般用“少年”的概念，而“青年”的概念一般只用于个体的青年男女。这是古代青少年的概念、语境与现代青少年概念的不同之处，也是我们在研究中国古代、中世纪的有关青少年现象论述时应该注意的一些特征。直到20世纪初中国社会的近代化开始时，政治学、社会学以及传播媒体的青少年概念的语境里，才同时包含有这一年龄阶段的男性与女性、个体与群体在内。

从历史过程中认识青年存在的历史意义，说明青年现象并不是近代以来突然出现的社会现象，而是一种自人类文明史以来，至少从中世纪以来，就是一种普遍的社会现象和政治现象，并且是知识阶层自我认识的一种重要文化概念。

进入近代社会以后，由于社会变革和发展速度的频率大幅度增强，这种变化已经不是以百年为单位，而是以数十年为单位，更加接近代际的周期。因此，作为代际象征的青年现象就为社会所瞩目，还没有归属于特殊利益集团，政治集团和经济团体的青年阶层就成为实现社会公共利益、承担社会和政治经济变革的政治力量；在革命时代还成为军事力量的主要构成。“未归属性”是青年在历史过程中的特征，正是这种未归属性决定了青年集团的社会公共性质，而这种超越党派与阶级利益的公共性质一般代表了全社会发展和进步的主流。

社会的变革需要决定了青年的主体性。青年的主体性也只有在社会变革中，代表了社会公共利益的同时才能得到体现，才会得到社会全体的认可。青年现象是一种常态，在人类社会生生不息、继往开来的发展中，青年现象在每一个历史的时空阶段都会存在；青年现象又是一种动态，随着时代的变迁，青年不断地进入社会、政治、经济的各个阶层实现代际的过渡和责任的交替。当青年能够顺利地进行过渡和交替的时候，青年问题并不存在。而当青年抵制，甚至反对这种同一化的时候，青年作为一种社会问题就出现了。这说明青年的主体性，即对社会公共利益的体现，并不一定与社会主体的利益完全一致，这也是埃里克森（E. H. Erikson）的同一化理论不能适应与说明在变动社会的青年现象的问题所在。

对青年现象的研究，是对青年主体性的研究，以及这种主体性与社会发展的相互关系。从历史的演变和发展来看，青年现象是从一种年龄的过渡性现象逐渐有了主体性质；从社会的边缘状态逐渐走近了社会变革的主体；从纯粹的受教育对象开始成为创造社会文化的主体；从社会经济的消费者的地位转变为社会文化资本的经营者。如果，仅仅从社会继承性和代际传承性的立场出发，以青年被动的社会角色、弱势群体出发，青年研究也就失去了独立的学术立场和学科地位，只能成为其他社会科学学科、特别是教育学与社会学研究课题的一个组成部分。

“世界是你们的，也是我们的，但是归根结底是你们的。”在1957年毛泽东著名的青年论述中所体现的，青年所代表的人类进化周期中的社会公共价值的未来性，应该成为青年现象研究方法论的基础。

第三章

青年的虚像与实像

——对中国的“青年”概念原创时期与特征的探讨

引　言

魏晋南北朝时期的道教对“青”（清）的图腾化，对“青童”的神格化，使得对“青”（清）的崇拜具有一种超越时间的象征。因此，“青年”的概念很可能原创于道教的经典。“青年”概念不仅符合“长生不老”这样一种永续性思想，而且也具备了“积清成青”的道德文化；而“方诸”（镜像）与青童并列，虚像与实像、现实与真实并存的现象，使青年从一开始就有了相互主体性的特征。道教对超越性和道德性的终极关怀，以及其自然史观的历史哲学，使得中国的“青年”概念自原创以来一直是体现了中国文明对作为人的本质的青年现象的理解与诠释。

第一节 “青年”概念体现着人的理想形态

“青年”理念是中国文明史中一个重要的思想领域。在中国历史上，“青年”的概念代表着一种人的理想形态。是作为形而上学在中世纪（公元4～6世纪）出现的，具有美学上的意义与深刻的宗教性质。

而中国古代战国时期（公元前5～前3世纪）出现的“少年”概念则反映是一种现实中的青年。表现具体为人的生命过程中的年龄阶段，以及在这一年龄阶段的社会角色，具有政治意义与社会学性质。青年与少年这两种概念与形态构成了中国文明对人在青春期的二元性质的认识论与方法论。

19世纪末20世纪初近代国家形成的世界潮流将中国社会里“青年”与“少年”这两个存在并分离了1500年的概念合为一体，也就是将人生的理想性与政治的现实性合为一体，诞生了近代、现代意义上，具有时代特征的“青年”概念。今天，现代化社会是以“青年”、特别是男性青年作为产业社会标准化的指标，作为现代人（包括女性在内）的标准。

在中国中世纪社会里，作为上层建筑领域的青年是理想的象征，是一种美的意识，是人类对美的追求。青年不是一种群体概念，是一种自由的思想；青年的自然（生物）属性是一种生命的虚像，更重要的是它是哲学的，宗教的，美学的，属于形而上学的范畴。青年的概念代表着一种社会的永续价值，青年的实像是一种对本来的自我的理解，并且体现了人类社会里人格化的自我与人格化的他者之间的相互主体性、相互之间的责任与义务的核心价值。

在中国的传统社会，一直存在着青年与少年这两个并存的概念，是同一存在体的两个不同方面的表示。“少年”概念是指作为社会现实的青年，作为社会问题的青年，作为边缘化的、成长阶段的青年，需要与社会同一化的青年，是作为客体的、社会问题、经济基础的青年。而中国社会在中世纪原创的“青年”概念则是指作为人的理想形象的青年，作为实现社会目标的青年，具有解体·解构、非同一化作用的青年，作为主体的、形而上学、上层建筑的青年。这种二元构造的青年理念的构造是青年理论研究首先会遇到的课题。而被边缘化的青年现实与作为人的主体性形成的青年理想之间的巨大的落差，正是当代青年现象的重要特征。

日本社会中也有类似的现象。自日本近代化及明治维新以来，用于青年的主要有“青年”与“若者”两个概念。“若者”是传统的用语，而“青年”一词则起源于19世纪末期。一般，用“若者”来指青年的社会群体，而用“青年”指政治化的青年实体。用若者泛指一般的青年，在日本的媒体上一般使用“若者”这一名词来称呼青年人。

和中国国情不同，在日本“青年”的概念基本是政治性的，有保守主义、国家主义、民族主义的含意，比如“大日本青年团”等组织就属于右翼团体；有着政府背景的“青年海外协力队”、“日本青年会议”等。其他的政党里也有称谓“青年”的组织，都是和政党的纲领、理念、意识形态相关联。

政治青年、政治性的青年群体与社会演进的周期同步；个体的青年、非政治的青年群体是与人生周期同期。这是两个完全不同的范畴，有着相互矛盾、非对称性的特征。也是现代青年学的难点之一。我们将面临两种不同性质的“青年”，而现在的各种青年研究的主要存在的问题，就是把两种不同性质的“青年”作为同一性质的对象予以归纳。青年历史研究基本上应该是属于社会周期的理论范畴。人生周期的阶段性与社会周期的阶段性呈现出青年不同的角色与历史使命。

青年的现实研究是一种自下而上的研究，是渐进的、积累数量的认识方法。而青年的历史研究，作为中国文明现象的研究则是一种自上而下的研究，是逆向的、探索本质的思想方法。青年历史研究是从未来研究现在的一种思想方式，从未来的存在、需要来探讨现在成人社会所应该赋有的责任，以及与下一个世代分享利益。

对青年作为人的理想形态的探讨，是将“青年”概念作为文明研究的一个组成部分。哲学层面上的青年理论就是对具体到青年现象上的理想形态予以研究，并对这种或多种青年理想作用于未来社会的可能予以评估。对人类未来的重视是一切宗教与哲学理论的基础，而青年正是文明的继承与发展的象征。

第二节 “青年”概念源于道教的假说

在已经被研究过的古代文献中，“青年”概念最早见之于唐代中期（公元8世纪）牟融的“青年俱未达”《全唐诗·卷467》[①]。在隋唐以后的文献中，我们可以看到“青年”的概念开始出现在诗文之中，到了宋元时代，“青年”一词已经被相当普遍的使用了[②]。回溯历史，在汉代的文献中，没有

① 牟融《寄张源》：“咫尺西江路，悲欢暂莫闻。青年俱未达，白社独离群。曲径荒秋草，衡茅掩夕曛。相思不相见，愁绝赋停云”。《全唐诗·卷467》

② 可见拙著《少年与青年》一文。

能够发现“青年”一词，包括《史记》在内的史学、文学里，都用“少年”一词来涵括对人的青年期的描述。而介于东汉和隋唐之间的魏晋南北朝时期，正是道教理论化、体系化形成的重要阶段；正是道教对“青”的现象，以及“青”的概念形成了崇拜，将“青”的色彩神格化了的时期。

在早期的道教思想里，“青”色并没有成为一种图腾，一种象征性的符号。如早期道家思想的代表著作《庄子》中除了“青天”以外，就没有能够找到更多的对“青”之一词描述的话语。老子骑青牛出关的故事，则出于六朝时期《老子化胡说》。到了魏晋南北朝时期，“青”的概念就成为了超越现实世界的一种象征与符号。仅在东晋葛洪（284～364）所著的《抱扑子》、《神仙传》里面就有“青云、青龙、青玉、青城山、青丸、青腰、青缣帐、青骡、青鸟、青泥、青葛巾、青竹杖、青牛、青丹、青磁石、青铅、青水、青硫黄、青霄、青衣、青气、青林子、青夜、青丘、青阳、青萍、青琴、青松”等与“青”有关的概念，用于对仙人、仙道、仙迹、仙术、仙物等带有超越现实时空世界的描述。

（梁）陶弘景（456～536）《真诰》中也有“青童君、青君、青灵、青谷先生、青纸、青牙、青绫衣、青细布、青衣玉女”等用语。

特别在《抱朴子内外篇》（内篇卷1）中有：“按“玉策記”及“昌宇经”，不但此二物之寿也。云：千岁松树，四边枝起，上枝不长。望而视之，有如偃盖，其中有物：或如青牛，或如青羊，或如青犬，或如青人，皆寿千岁。”明确提到了“青人”这一接近“青年”的重要概念。

根据《抱扑子》的成书年代，“青人”的概念出现于公元4世纪。“青人”概念的出现，应该距离“青年”概念的诞生不会很远了。

另外，在魏晋南北朝时期，民间社会对“青童”[①]的崇拜与信仰，应该也是促使“青年”概念产生的一个重要因素。如在《搜神记·卷11》中就有青衣童子投药于病中之人，后化作青鸟飞翔而去的故事。对青童的向往是道教文化中对人的超越性（成仙）认知的一个重要阶段。

“青童”是指着青衣的童子[②]。在五行思想中“青”指的是东方，春天，生命的开始，是青春的象征，所谓“紫气东来”正是对生命气息的写照。战国时期的《老子》一书中有婴儿（赤子）崇拜，到了魏晋南北朝时期出现了童子信仰（如六朝志怪小说《童子谭》）。

魏晋南北朝时期对道教的理论的形成产生很大影响的《佛说无量寿经》中的无量寿佛（阿弥陀佛），化身为金刚童子，也被称为青童子。

在六朝时期的江南地区兴盛的上清派道教里，青童被神格化，以青童君，方诸青童君，上相青童君、东海青童君等称号出现。青童君在上清教义中是支配地上仙人的负责人、又称“大司命”。根据陶弘景（456～536年）所编的《洞玄灵宝真灵位业图》，方诸青童君位于第二层的左位，仅次于最高神的元始天尊和金阙帝君。方诸青童君在上清派道教的宗教救世的构造中占有很重要的位置。魏晋时期的上清教提倡超越现实世界的宗教世界观，用“人、仙、鬼”三个世界分别代表现实、超越、历史三个世界，青童君正是超越现实世界的代表和象征。

日本学者村上嘉实在对葛洪的《抱扑子》的研究中指出，仙道对人的理想年龄的理解是30岁左右，所谓长生不老，就是将人的生命形态保持在这个

① 南朝梁任方的《述异记·卷上》“（洞庭山）昔有青童秉烛飙飞轮之车至此，其迹存焉”。《太平广记·卷11》引宋代曾造的“集仙传·大茅君”中有“诸青童”一词。李白的诗中有“清水见白石，仙人识青童”（访道安陵遇盖寰为予造真录临别留赠）；“步网绕碧落，倚树招青童”（至陵阳山登天柱石酬韩侍御见招隐黄山）等句。

② 今大宛山中有青精先生者。传言千岁，色如童子，行步一日三百里，能终岁不食，亦能一日九餐，真可问也。

年龄阶段上，或者通过修炼返回这个年龄阶段[①]。当时少年的年龄阶段是定位于20岁左右。公元6世纪隋代的医学家巢元方在他的著作中指出“经说年六岁已上为小儿，十八已上为少年，二十已上为壮年，五十已上为老年也”（《巢氏诸病源总论·卷45》）。这里的“经说”应该是指汉代的《黄帝内经》。因此，源于道教理想形态的“青年”概念最初可能正是定位于30岁左右的年龄阶段上。

远在西方世界也有青年崇拜的例证。罗马皇帝屋大维·奥古斯都在自己漫长的76年的岁月里，让艺术家为自己创作了无数的、用青铜与大理石铸成的雕像。无论自己的年龄、称号、服式有什么变化，塑像所表现的年龄永远没有变化，永远停留在30岁左右的青年阶段，体现了青年理念中与继时性并存的共时性的特征。

到了唐代，李唐王朝的统治者奉太上老君（神格化了老子李耳）为道教的最高神，排斥以体现自然之气的元始天尊为最高神的上清派，使得上清派的文献在唐代大量散失，在一定程度上影响了我们对“青年”一词原创形态的寻找与研究。

如果假以时日，我们会从浩瀚的道教文献中发现“青年”一词最原创的造语。

第三节 “积清成青”——“青年”概念的伦理性

对中国的“青年”概念的原点或原创的讨论，不仅是希望了解“青年”

① 村上嘉实《抱扑子》明德出版社，1967年。

概念产生的时间与地点，以及生成的文明基础；更重要的是，从青年概念的原创过程中发现作为形而上学的“青年”概念带有本质的因素。这里，仅从道教的原理出发，对年龄极限的超越、对自然法则的超越、对社会限制的超越的超越性构成了“青年”的理念。

这种超越性导致了被称为“青年”的人已经不再是自然人，这与表现生理年龄的“少年”概念有着本质上的不同。青年从一开始就是以一种抽象的理想和信念而出现的，它所带有的超越自然与社会的性质，所表现的高尚与脱俗的风格，渐渐形成了一种超越道教思想的拥有普世性质的思想方式。在“青年”概念里，存在着任何一种伟大思想和宗教所必备的对个人、社会、自然与人类的终极关怀，这应该是构成青年本质的奠基石。

在上清派道教中有对“方诸青童君”的崇拜。“方诸”与“青童君”并列的现象，应该是“青年”概念原创时期的重要组合。所谓“方诸”是镜子。《淮南子·天文训》有“水中取月之镜称之为方诸”的注解。取之日月精华的结晶所成的“方诸”（镜）与永恒的生命相关（《抱扑子·金丹篇》）。

镜像是与人的自我认识联系在一起的。柏拉图在《国家·10卷》中已经提出了镜像在希腊哲学认识论上的意义；而圣保罗关于镜像论述（哥林多前书[①]）则奠定了基督教中世纪象征神学的基础。通过镜像反映出来的实像与虚像、主体与个体、内在的自我与外在的自我、现实与真实的分界点是模糊的，不明确的，难以区分的。对镜像的认识是人对自我认识的深化，也是“青年”概念出现的必要的文明的前提。

---

① 《新约·哥林多前书第13章》“我们如今仿佛对着镜子观看，模糊不清（如同猜迷）。到那时，就要面对面了”。

在当时的《六朝志怪小说》中镜像里所呈现的是人的真实形象，而一切人的异化、异体的形象（妖怪）都会在镜像中显出原形。在唐初的《古镜记》中，镜像还能够显示人生行为的善恶道德性。在葛洪的《抱扑子》里，介绍了在镜子前凝思静坐，镜像中会出现神仙映象的修行方法。据《魏书东夷传》记载，魏王曾赠予日本邪马台国女王卑弥呼铜镜百面，作为文明的象征。在日本神道信仰中，镜与玉、剑并为三种神器，不仅呈现出人的灵魂与真实的自我，而且还是太阳的象征，普照万物，分辨人间的正邪善恶。中世纪日本的佛教也有在佛像的胎内放置镜子的习俗。

如果我们去掉方诸（镜像）上的神秘色彩，青年现象的实像与虚像、现实性与真实性都出现了，作为思想领域的、特别是作为理想的“青年”出现了。青年的存在需要认识和理解他者中的自我。在中国的古代社会中，“少年”的概念只表现了青年的现实性（自然性）的一面，而“青年”概念的出现，说明了青年的现实性（自然性）与理想性（超越性·真实性），其虚像和实像都得到了表现。镜像与青童并存的现象说明，“青年”从原创的第一天起，就具备着相互主体性、相互主观性的特征。

在葛洪的魏晋时代，对道教来说，“青”不仅代表着一种高贵的色彩，更重要的是“青”色代表着一种旺盛的生命力，因此对青色的崇拜就默示对生命本质理解，对生命力量的追求，青色就成为是一种超越凡俗、作为“长生不老”及持续性和永续性理念的标志。“青”的概念是魏晋时期道教思想的重要源泉。

宋代的道家经典《云芨七签·卷12》中有“经曰：积清成青也”的重要论述。《云芨七签》虽然是宋代的文献，但是其中包容了6世纪北周时期编撰的道教教理的百科全书《无上秘要》100卷的主要内容。

"积清成青"的思想开始突破了传统道教的"青"色作为生命存在解释，进一步对"青"色作了超越生命象征的说明①，"青"色同时作为精神高尚、思想纯洁的象征。《淮南子·道应训》中有东汉许慎对"太清"的注释，"太清，元气之清者也"。这里，"清"不是实在的物质，不是成长中的生命，或是一种世俗的存在；而是一种人的感受和感觉，一种思想、一种品格，一种德行。"青"的存在是由形而上的"清"（超越现实的德行）积累而成，更说明了"青"所具有的高尚的道德性质。

因此，青年的概念不仅是对生命的崇拜、对青春的崇拜，更重要的是一种人的理想的形象，是美的形象，自由的形象，超越的形象的理念。所以，我们在青年历史研究中不必拘泥青年和青年群体的自然年龄，而把注意力放在代际与社会、世代与时代的关系上，可能更容易接近青年的本质。

在魏晋时期的道教的体系中，青年是作为一种理想的人而出现的。是超越现实生活、超越自然、超越主宰的一种自由意识和思想，一种对自由的主体性的追求。青年的概念不仅是对人的身体性的认识，更重要的是对人的自由性质的追求，以及这种自由性质与德行修养的相互关系。没有对自然的理解、对他人的理解，没有对社会善行、对他人的德行，这种超越性的自由是不可能获得的。这应该是青年概念产生的语源与涵义。

第四节 "青年"概念中的"自然"与宇宙

屈原《楚辞·大招》中有"青春受谢"一句，深刻地预示着对青年本质

① 青，生也，象物生时色（释名、释采帛）。青，言万物生而青色也《云芨七签·卷12》。

的探索应该在历史的连续性、永恒性、周期性之中找寻。如果仅仅重视青年的现在性质而忽视其对人于人类的终极关怀，就不可能认识青年的本质。

我们之所以关注中国的“青年”概念的原创时期，以及关注青年概念与道教的相互联系，正是因为在原初的“青年”概念里已经具备了全面发展的人的雏形，人的相互主体性以及人的永恒性的理念。

“青年”概念所具有的共时性。我们每个人的内在世界里都有一个青年存在，青年不仅是一个年龄的载体，而且也是一种思想和理想，一种对制度变化和社会解构的需求。青年的意义，是人对通过他者对自我认识的一种深化，通过比较对自我成长阶段化的理解，通过体验与实践对人生周期认识的开始。青年的存在，是将人生周期与自然周期相对应，用自然的统一性认识人生的规律，将世代现象与自然现象相统一。从对年龄的认识到对生命的循环，对社会与人生各种现象的因果关系的理解，“青年”的概念都起到了重要的作用。可以说，“青年”概念所具有的思想的内涵，是中国古代对人的存在意义认识的一个重要组成部分。

在汉代以及魏晋南北朝时期的佛教理论中，也出现了崭新的世代观念，用过去、现在、未来的“三世一如”的理论说明时间与空间的相互性质，提示了一种不同于儒教以年龄为基准的代际关系，即循环往复的、螺旋上升的代际理念；一种没有年龄差别、社会差别的、世代均衡的代际关系。而道教中有关“青年”概念中的镜像效果，应该是自我与他者，社会与个人，青年与成年的一种互为主体的、对时空相互性认识过程的必然结果。青年是一种内在的、具有和谐性质的“自然”。

这里，应该对道教的“自然”一词有一个历史性的认识。道教意义上的“自然”一词是指“本来的自我”，没有被异化、外在化、客体化的自我，即所谓无为而自然。不同于现在我们所使用的宇宙万物存在的、物理的自然。《列子·黄帝》（张湛，317～420年）在对“自然而已”一句的注释写道“自然者，不资于外也”。道教的“自然”不是名词，是“自”＋结尾词“然”；是指人的内在的、本来的自我，而不是表示外在的存在，是宇宙与人生的根源——“道”。《淮南子·原道训》中有“修道理之数，因天地之自然”。东晋玄学家孙绰在《游天台山赋》中有“自然，谓道也”，希望用“自然”的理念来调和儒教的修己治人、佛教的安生立命、道教的长生不老等各论，用“自然”的概念确立三教一致论的理论基础。

儒教主要在人生周期的连续过程之中阐述人的发展，突出了人生周期中的相互性发展伦理。道教则是在人的发展过程之中截取最为精华的时段，将这一时期称谓“青年”。陶景弘《养性延命录·卷上》中有“天道自然，人道自己”一语。在“儿童、少年、壮年、老年”等儒教说明生命时间的线性运动的概念相对应[①]，道教在“青年”概念原创时，在其所具有的共时性、本我性、宇宙性（自然）上，赋予了人的生命永恒不灭的意义。

东晋谢灵运（385～433）就有“达人贵自我，高情属天云”（《述祖德诗》）的诗句，指出了人格的完成（达人）需要重视自我的主体性，提高自我的感情与宇宙（天）和谐一致。到了隋唐时期，“青年”概念的神仙的成分渐渐淡化，经过宋朝的过渡，到了元朝就形成了近世带有一些形而上学、特别是时间的流动意义上对青年人的称谓。在许多诗词之中都反映了因为时间的进程，青年这个理想的人生阶段的流失，以及对这一理想人生阶段的追忆与没有能履行社会义务而感到的惋惜。因此，青年概念不仅具有超越时间

① 《论语·为政第二》：“吾十有五，而治于学，三十而立，四十而不惑，五十而知天命，六十而耳顺，七十从心所欲，不逾矩。”这是儒学体系中最具有代表性的、人的生命年龄线性发展与人格形成阶段的代际理论。

的性质，而且，对他者的认知需求，使其道德取向也同样具有强而有力的公共性质。

中国的青年概念从原创之日起，就包括未来价值的现在化；历史价值的个体化；变革价值的人文化、世代之间的均衡性（intergenerational equity）等重要思想与哲学意义。日本的著名社会家栗原彬在80年代《历史与自我同一性》一书中就提出了与现行的青年理论不同的，另一种青年形象存在的可能。其中就提到，青年不仅是近代意识形态的产物，而且也与宇宙观（Cosmology）相关的非常前卫的论点。

因此，对中国的青年概念的探讨作为青年历史研究的一个重要的理论组成部分，不仅有助于我们更加深入的认识青年的相互主体性及青年所具有的虚像与实像、表层与深层的本质特征，而且也能够重新审视作为中国文化、中国文明（历史与时代精神，意识与感性）一个组成部分的青年理念与观念体系的生成与发展。

第四章

近代“青年”观念的展开

——以近代日本青年主义发展的过程为例

引　言

青年与青年运动即伴随着近代社会的进程而诞生，同时也是作为近代社会的对立、对抗的一方而存在。“青年”理念的产生并不是一个由社会问题而产生的孤立现象，或者是政治运动的权宜之计，而是近代化过程中一种新型思想的诞生。是一种以“青年”理念为核心的概念群的产生。这类概念体系在充满着形形色色“主义”的19世纪，可以被称之为“青年主义”。到了19世纪80年代，日本的知识界、舆论界将近代西方哲学和社会理论进行了翻译与再创造，构筑了汉语范围内有关“青年”话语的原生系统。自此，“青年”作为一种思想的形成和发展，贯穿整个20世纪，并且深刻地影响了现代中国的政治社会进程。

第一节　近代日本社会对“青年”的认识

“青年”与青年期是两个不同的学术概念，青年期作为一个人类代际周期循环的生命现象与社会现象，属于社会学、心理学、文化人类学的领域，而“青年”则作为一种不可重复的政治的、社会的、文化的、历史的现象，作为人的一种未完成的理想形象，属于历史唯物主义的范畴。从19世纪80年代起，日本就已经出现了青年的觉醒和新青年运动，在东亚区域的近代史上，日本最早形成了“青年”思想和“青年”主义的意识形态。

19世纪前期，在日本的通俗文学《当世说美少年录》、《南总里见八犬传》中已经出现“青年”的名词，并且运用了其他汉语名词来描述年青人的形象。如“壮佼”、“弱冠”、“壮者”、“少壮”、“年少”、“后生”、“青年儿”等，还有“青年”等名词塑造年青人的形象，用“恶少年”、“凡庸的少年”、“稀有的少年”来叙述年青人的多样性。在近代以前的日本社会里，“少年”一词的称谓是人的俊美和力量的象征，并超越了日常生活中的性别差异，具有一种两性皆备的美学形象。

直到1880年，东京基督教青年会开始使用“青年”一词时起，“青年”的概念才开始具备近代史上的意义。但是当时日本社会上“青年”一词并没有成为流行语，在1878年前后，大量的还是使用“少年”、“少年壮士”等词汇来表述青年现象。直到1885年，年仅22岁的日本文学评论家德富苏峰（1863～1957）所书《第19世纪日本的青年及其教育》一文才真正确定了“青年”一词的意义，将“青年”从年青人（若者）中分离出来，赋予了时代新人的价值和意义。德富苏峰认为，“青年”是一种自立自为的人。他的用语是所谓“泰西自活之人”，即只有能够开创自我人生的人，具备西方（泰西）近代思想的人，才有资格被称之为“青年”。“青年”是将儿童时期学习到的知识和行动规范从客体化转为主体化，变为自己的固有人格与改变未来的实践。“青年”化被称之为面向“知识世界的第二次革命”。

两年后，同书改名为《新日本之青年》（1887）再版，发行数十万册，受到了社会上的广泛支持。此后，“青年”、“青春”等称谓如同脱缰的野马，一发而不可收，如同燎原之火点燃了整个前近代的日本列岛。至此，“青年”、“青春”就成为日本社会规范的常用名词。20世纪初叶，夏目漱石的《三四郎》，森鸥外的《青年》，小栗风叶的《青春》等小说都是当时著名的青年文学。青年协会所发行的杂志《青年思海》（1888）中有一篇文章描述了当时的“青年”潮流，“青年，又是青年。论坛上到处是青年论，纸上处处在论青年”①。那些被社会上称之为青年作家、青年评论家的如夏目漱石等年龄大多在30左右。如果在20世纪末这样的年龄当然可以被看作为青年，而在19世纪末按照一般的常识，30岁左右早已经步入中年了。因为，一直到20世纪30年代，日本社会的平均年龄才只达到55岁②。但在当时，这些文学家都被称之为“青年”。

以《武士道——日本之魂》一书而闻名于世的新渡户稻造（1862～1933）在1911年《修养》③一文中称还不能对“青年”一词的意义下定义。他认为，“青年”一词只是一种对人的性格的反映，如表现人的热情洋溢形象的被称为“赤年”，表现人的洁白纯净形象的被称为“白年”一样，“青年”的称

① 《青年思海》1888年3月第八号《涉猎群书》国木田独步。

② 根据《倭训栞》，19世纪的日本40岁起开始进入老年期，到了50岁以上就称之为老人。

③ 《近代日本青年期教育丛书》第一期第二卷。

谓是表现一种人的希望、勇气、奋勇向前的可能性与雄心壮志，以及年青人所具有的直率性和柔软性。“青年”的称谓是一种西方文化中的人的理想模式，并不是指特定年龄阶段上的人。

在19世纪末，受过启蒙教育的年青人被称之为“青年”。日本近代青年组织的创始人山本泷之助（1873～1931）在1900年写了《设立日本青年会之提案》一文，首先在《日本》杂志的读者群中成立了日本青年会。当时日本的中学数量很少，大多数的年青人通过演讲会、幻灯会、读书会等方式研讨思想与主张。出版有《青年思海》、《少年子》等全国性的杂志。主张“疏通天下青年之气脉，坚定天下青年之团结，涵养天下青年之智慧，发扬天下青年之元气。结合不同主义、不同成分、不同职业的青年，组成有明治时代特征的纯粹的青年团体”①。团体结社都冠以“青年会”、“少年会”，机关杂志都以“青年”、“少年”为标题。明治时期的著名作家三宅雪岭在《青年》一文中描述当时的景象：“青年又青年，处处在流行‘青年’一语。几年前还只有基督教的团体在使用青年会的名称，现如今一发而不可收。从贵族到学生，从商人到僧侣，各地各处的团体协会都冠以‘青年’二字，以至于不可胜数，堪为时代之奇观。”②

1890年日本的青年组织“文从会”开始发行名为《青年社会》的杂志。在杂志的发刊词中写到，创刊《青年社会》杂志的目的是为了促生青年社会。杂志是青年的现象，是青年的代表，是青年社会的象征③。非常明确地肯定了“青年”存在的必然性，以及青年社会的独立性。

也是在同一时间段的另一篇文章中写道：“东方在呼唤着‘青年’，西

① 《青年思海》1889年11月第16号《青年协会的特性》。
② 《青年社会》1890年5月第一号。
③ 《青年社会》1890年5月第一号《青年社会发行之主旨》。

方在呼唤着'青年'，呼唤有所作为的青年。这是天的声音，是地的声音，东南西北中都回响着对我们青年人期待的呼唤。啊，青年，啊，大所作为的青年。今天的日本在等待着我们青年去奋斗，日本社会等待着我们青年去改造，这是何等壮丽的充满希望的前景啊。旧日本渐渐远去，我们将迎来新日本的时代；在旧时代的老人们睡入梦乡之际，正是我们青年人奋而崛起，取而代之的大好的时机。"①今天读来仍然能使人热血沸腾、振奋不已。

在近现代的国际社会里，一个国家在外交与军事上的成功与失败，与青年群体的觉悟程度和准备程度有着密切的关联，120年前是这样，现在也不会有什么改变。从1894年甲午战争的事例可以看出，清王朝的衰落并不仅仅是北洋舰队在海战中的失利或割地赔款，并不仅仅是政治和军事上的原因，鉴于两国年青人对历史使命感上的差距，胜负在战争爆发之前就已经被历史所预定了。当中国的年青人还停留在"年轻人"的认识层面时，日本的年青人中的一部分人已经过渡到了"青年"的思想阶段。从这个意义上说，近代史上一个国家青年的觉悟程度决定着这个国家未来的历史进程。在中国大地上，有这样对青年历史使命认识、对国家的希望与责任感的文章与呐喊，要到21年后，也就是五四运动前夕的1915年9月《新青年》诞生时方才出现。

第二节　"青年"意义的展开

如果我们借用海德格尔关于"投企"（projection）的理论研究青年现象的话，就可以将所谓青年现象看作是一种人对自我存在意义的认识过程；看

① 《青年》1889年12月第一号《日本有为之青年》。

作是一种人在对象世界中寻找自我主体性的实践过程。人类的这一知行过程在近代社会被称之为青年期；而上下求索寻找主体性（真理）的人被称之为青年。

因此，我将追求真理，也就是中国文明中的“立志”原则作为对青年本质性认识的开端，这与近代史上青年追求与捍卫真理的英雄主义基本上一脉相承。中国的儒学从《论语》的“十五立志，三十而立”的学说起，就遵循一种人生周期论的原理，人生的角色和任务也是有固定的周期的。但是，这种周期性不同于近代以后的青年理论，因为它所强调的不是青年的现实性，而是人在自我人生的周期中如何认识和展现自己的历史使命，即“天命”。在代表中国文明出发点的《论语》、《孟子》中突出了在人生的生命周期中，人对自我本质性的认识（从自在到自为），以及对人与人之间即人的社会性的本质特征认识的重要性。人的可能性、人的变化性都包含在具体化了的青年理念之中。儒教的“道”是从对宇宙的定理的理解，人的主观意识对自然原理的支配的可能性在天的规则和道理的实践中获得自由（七十不逾规）。

人的主体意识对自然、社会、宇宙的支配、被称为“道”。道教的“道”是一种从人事与自然的解脱中获得自由的象征，是对人生周期中理想状态的认识，突出表现为人的生命与超越生命（从自然到自由）的本质特征。道教中有关对“青”与“清”的崇拜，与儒学中对“立志”的重视一样，是一种对崇高意境的理解与实践。在《庄子·逍遥游》中有“小知不及大知，小年不及大年”的论述。郭象在《庄子注》中阐述得很清楚，很雄辩：“物各有性，性各有极，皆如年知，……历举年知之大小，各信其一方，未有足以相倾者也。”魏晋南北朝时期道家的学说中，除了有“年知”的概念，在葛洪《抱扑子》一书中还创造了“还年”这一概念，这些对“年”即历时性的认识，给人与时间的生命相互关系上赋予了价值意义，对创造“青年”概念的形成提供了重要的理论和逻辑前提。

在“青年”概念的原创时期，“青年”一词先是具有年轻的岁月的涵义，然后才特指年轻的人。在近代以前，在“青年”一词的定义并不清晰，这两层意思常常被混合或交叉使用，这里面描述年轻的岁月的意思可能会更多一些。日本学者北村三子在研究“青年”一词的源流与变迁时也注意到，近代以前“青年”一词还有年轻的时代这一层意思。如1845年文学家藤田东湖在《过吾妻桥畔有感》的七言绝句中，有“青年此地尝遨游”的诗句，这里的“青年”显然是指自己年轻的时候，而不是指年轻的人①。此外，日本学者吉野裕子还提出了“青年”概念的产生是受了中国阴阳五行说的影响的假说。因为五行中金木水火土中象征生命的“木气”表现在色彩上为“青”、在季节为“春”、在方位上为“东”、在时间上为“朝”等重要意义在内，所以“青春”、“青年”等话语的原型都是从大自然的周期现象为基准表现人生历程中的朝气蓬勃的春天。因此，近代以前在东亚地区出现的“青年”一词应该是特指人生阶段中30～40岁的男女群体的现象②。

儒学通过立志强调人在成长过程中对伦理的认识与实践；而道教则在对自由的整体重视的前提下，更多的確立人的变化可能性。青年的现实性和伦理性的关系，青年的本质性和变化性的关系。认识“天命”的行为，即认识客观世界的伦理性被称为“志”；实践“自由”的行为，即实践人的主体自由性被称为“青年”。在道家思想中“青年”不仅是一个名词，也是作为动

①《青年与近代》p11，北村三子世织书房1998年。

②《诸神的诞生——易经・五行与日本的神灵》p208，吉野裕子（岩波书店）1991年。

词，作为对人的主体性、人的自为的实践性而出现的。“青年”的称谓赋予成长中的人以新的意义。“青年”一词用形象的方式给予年青人一种称号，一种人生的意义与社会的责任感。在封建社会只有少数的贵族阶层或知识阶层的人们，才会在文学中使用“青年”一词来表现对人生意义的理解，直到近代社会“青年”的概念才被赋予浓重的政治色彩，成为一种大众化、政治化、社会化的名词。

“青年”的观念属于一种相对独立的时间概念。或者说是一种相对停止的、不存在所谓上限与下限的时间概念。是一次性的、永恒的时间。所谓青年的观念是保持一种完美的形象，去追求一种完美的形象，去完成一种完美的形象。古往今来，自出生起，人就从儿童、少年、青年、成年、老年经历自我的人生历程。在这个过程中，对“青年”的感受与追求逐渐地形成为一种思想，到了近代社会，更发展成为一种意识形态，一种“新人”的价值意识，与“青年”的观念合并为“新青年”的时代理想。

近代的“青年”观念属于哲学范畴。理想的“青年”与现实的年青人合为一体的历史现象，应该是创立民族国家与近代政治的需要。欧洲自16世纪意大利文艺复兴时期开始，青春就被认为是一种美德。到了18世纪，在卢梭、歌德、席勒等法国、德国文学家的耕耘下，如男子汉的高尚情怀、诗歌般的爱情、对真理的信仰和忠诚、骑士道精神等中世纪的伟大理想，构成了对青年的浪慢主义的崇拜。在同一时期，共济会等近代新兴的国际性社团又给予了青年运动以超越国家界限的具有全球化规模的广阔视野，对社会共同体的构成上赋予了“自由、平等、博爱”等政治价值观，形成了近代青年的社会理想。再经过普希金、托尔斯泰、屠格涅夫等俄国文学家的努力，青年群体成了批判和反抗现实社会的前卫与象征。“青年”主义作为一种前卫思想的出现与传播有一条历史的轨迹，随着近代化的形成时期“青年”作为一种浪漫主义的崇拜对象，一种革命势力的象征，一种新社会当之无愧的代表者从英国影响到法国、德国、俄国，再从俄国蔓延到日本，最后在中国找到了前所未有的波澜壮阔的历史舞台。

在19世纪末、20世纪初时欧洲出现过青年法国、青年德国、青年意大利、青年波兰等政治组织；在思想界有著名的青年黑格尔学派、青年文法学派等，20世纪的文豪如托马斯·曼、罗曼·罗兰等都有描写青年的作品。“青年”作为一种意识形态，以及青年与成年的两项对立的理论构成，随着近代化过程、随着资本主义在全世界的发展而逐渐形成。

其中，在贯穿整个19世纪的浪漫主义思潮中，在祖国与民族的历史的再发现中，德国的青年运动则更加突出地感受到被“异化”的社会地位与环境，要求获得人格的全面发展，并对阻碍这种理想实现的现实社会予以强烈地批判[①]。德国青年运动的研究者在对20世纪初期青年运动的领袖人物100人的传记做了详尽地分析，他们发现这些人都出生于中产阶级家庭，没有一个例外。贵族、军人、大企业家等家庭出生的人一个也没有，当然也没有一个工人阶级家庭出生的青年。因此，有的研究者认为20世纪初期德国的青年运动的现象属于中产阶级性质，虽然各国的青年运动都发展为普遍的群众运动，但是其运动的核心——其优点与缺陷都带有中产阶级遗传因子的痕迹[②]。如果以这个论点为观察标志，发生在20世纪60年代的法国、日本等发达资本主义国家的以大学生和知识分子为主体的青年运动现象应该也可以归类于中产阶级的属性。到了1968年以后，青年的概念就渐渐地被忘却，迅速失去了

① 《德意志青年运动——从候鸟运动到纳粹主义》p17，Walter Z.Laquer人文书院1985年。
② 《德意志青年运动——从候鸟运动到纳粹主义》p26，Walter Z.Laquer人文书院1985年。

闪耀的偶像化光环，在日本社会里逐渐地成为一种历史名词。

近代青年运动开始是作为正规学校教育的补充形式，强调和推动青年的自由、自治、自立的原则立场。青年与青年运动即伴随着近代社会的进程而诞生，同时也是作为近代社会的对立、对抗的一方而存在。虽然这里面包括中产阶级青年和劳工阶级青年在内，但阶级状态的淡薄性质是历史上青年运动的特征之一；在青年运动中更多的是反映在青年的精英阶层与一般青年群体之间观念上的差异。德国青年运动在初创时，曾以“我们的强大在于我们没有目的”的口号为原则，后来则成为国家主义的先锋①。在日本，青年运动从自主自治过渡到表现为“脱亚入欧”、建立帝国主义国家的过程中；在中国，青年运动则表现为反帝反封建、创立新民主主义国家的潮流。青年，青年运动，民族国家的近代化、现代化不仅具有相互促进、相互关联的互为因果的共生关系，而且在近代化的漫长历史过程中，青年运动在特定的历史与文化背景下也出现过公共价值相违背的消极现象，这些都应该成为我们认真关注的对象。日本学者小熊英二认为，到20世纪70年代日本的现代化社会已经初具规模，完成了从近代社会到现代社会的长达100年（1868～1968）过渡，因此，1968年日本全国性的学生运动的兴起与终结，正标志着近代“青年”在反抗与同化的苦闷中挣扎的历史使命告一段落②。当然，这种青年现象的变化，也可以看作是一个新的奋起之前的沉默，正在为新的社会变革与发展做思想准备。

---

①《德意志青年运动——从候鸟运动到纳粹主义》p26，Walter Z.Laquer人文书院1985年。

②《1968：反叛的终结及其遗产》下卷p823，小熊英二，新耀社 2008年。

第三节　近代“青年”主义的形成

近代日本社会“青年”观念的出现、“世代”观念的出现都是与日本青年群体对政治事务的参与相一致的，是一种对近代政治与民权的自觉。在世代论里，“青年”是新的世代、新人类、新社会的象征。从明确“年青人”与“青年”的区别，逐渐将“青年”偶像化，是日本青年主义形成的开始。

1888年前后，在日本的舆论界，“青年”和“新日本”的概念频繁出现，到了甲午战争之前已经成为社会上的流行语，而在甲午战争之后，两者渐渐地合而为一归结为“日本国民”一词，1894年成为日本青年运动的一个分水岭，启蒙主义渐渐淡去，国家主义的色彩变的越来越浓重。1888年创刊的《国民之友》就是一部主旨为“全体人民的幸福与利益”的具有时代特征的青年读物。其中著名的《新日本的青年以及新日本的政治》一文就刊登在《国民之友》的第八号上。在这本杂志上还提出了“青年书生阶级”的概念，指出青年知识分子在社会改革中所具备的不可替代的创新能力和活动能力。

1890年代以后，日本政治青年开始逐渐转向生活，从政治的自律中独立出来，在自我的私人领域中重建自律性；从政治的世代过度到非政治的世代。“青年”被定位于新的世代、新人。20世纪的年轻人首先是从“青年”的称谓中获得自我的同一性，因为并不是任何世代里年轻人都等同于“青年”。与承担着政治义务的“青年”不同，“年轻人”的概念里没有或很少有政治色彩，二者处于不同价值的评价体系中。

1902年《青年界》杂志创刊，读者主要是受过中等教育以上年青人。心理学家中岛力造（1858～1918）在《告青年诸君》一文中写到，所谓“青年期”实际上就是“作对社会有益之人的准备时期”，要在健康、智力、道德和职业选择的四个方面做好准备，最早提出了青年必须具有“理想”（ideal）的主张。“人在这个世界上必须要有对自我存在目的的认识和觉悟。也就是说，要有理想。青年应该胸怀远大的理想，并且依据这个高尚的理想来决定自己的行为和方向。”[①]中岛力造从康德的有关理念、理想的学说；从英国新理想主义学派的哲学家T.H.格林（1836～1882）有关人格自我实现的新自由主义学说的研究中，最早在日本的学术界使用了“人格”、“理想”、“自我实现”等有关近代社会人的主体性的汉字与概念（中国古代汉语中没有“理想”一词）。

与“青年”的称谓被广泛运用的同时，“理想”的概念作为一种自我实现、人格完成的目的也在日本社会里流行了起来。“青年”与“理想”成为一组互为依存的、并列的组合词组。应该注意到，“青年”的概念并不是一个孤立的理念，而是和一个概念群同时出现的，有一个多层次的“青年”的理念系统。还有如“新日本/旧日本”、“老人/青年”、“破坏/建设”等一系列两项对立的比较方式也毫无疑问出现在“青年”的理论系统中。在德富苏峰的《新日本之青年》里提出“青年”理念的出现是明治维新时期第一次思想革命，而“青年”作为“知识世界的第二次革命”的主体，承担着创建19世纪文明新日本的历史重任。

“青年”现象是一种自我对象化的发展过程。自我对象化是人从自在转为自为过程中最为关键的一环，这种现象在中世纪社会就出现过，但是只有到了近代才具有普遍的社会意义。在19世纪末的日本，发现人的这种自我对象化、自我意义实现的人，被称之为“青年”；对社会进步做出贡献的思想

①《青年界》第一卷第一号《告青年诸君》1902。

与行为被称之为理想。对社会作贡献成为“自我实现”、“人格完成”的重要环节。当时的“青年”和早期青年组织“协习会”开始意识到需要一种面向未来的思想方法，一种对未来富有重大责任的态度，一种自我反省、“吐露思想”的学风，一种“洗涤少年社会之弊风”的目的[①]，提倡珍惜光阴、只争朝夕的精神与同病相怜、同声相应的青年感情。1888年早期青年杂志《青年思海》创刊时在《国民之友》刊登广告，不仅提出了意气相投、感想相合、相互学习、共同进步等现代青年组织的共同特点以外，希望“日本有为之好青年，年轻有为，应立天下之大志”，提出了建立“青年新社会”这样的前卫口号[②]。

年轻人以自称、或被称之为“青年”、“少年”为荣，为“青年”存在的必要性，“青年”的独立性、“青年社会”的重要性，为“青年”所有、“青年”政治、“青年”社会而放声高歌。教育成为旧式的年轻人和新“青年”之间明显的区别。报纸、书籍、幻灯会、学术讲演会等启蒙活动成了日本社会“青年”们的标志和存在的价值所在。1892年夏目漱石在一篇《中学改良策》的教育学文章中将大学生称之为“青年”，中学生和高中生称之为“少年”，以此教育阶段的方法区分当时的年轻人。而当时的自由民权的代表人物中江兆民在1889年将11～35岁的男子中对国家有用之人才都称之为“青年”。1878～1888年间的凡是冠以“青年”名称的杂志，认为唯有青年才具备“年富力壮，钻研进取，服务社会”的条件，才是“今日青年之辈的责任”[③]。

19世纪末至20世纪初，日本“青年分析”立论的前提是年轻人的个人

① 《少年子》第九号1888年4月。

② 《国民之友》第7号1888年8月。

③ 《青年自由党新志》1号，1882年6月。

利益与国家利益之间的关系。以此为指标，日本社会里对青年开始有了不同类型的称呼和分类，如“烦闷青年”、“耽溺青年”、“成功青年”、“模范青年”以及“无色青年”等等。所谓“无色青年”是指那些平日里空空寂寂，无所事事。没有自己的主张，只会模仿别人，鹦鹉学舌。社会上流行青年会，他就加入青年会；社会上流行政党，他就是政党的成员；有时去聆听基督教的讲道，有时出席佛教的讲演；不勤奋，也不懒惰；不放任自流，也不反省励志，但求安生立命而已的年青人①。

作为“青年”理论之祖的德富苏峰在《新日本之青年》（1888年）一文中指出，自然而然的忧国忧民的情感构成了青年理想和青年意志产生的原生状态。而到了1920年代，德富苏峰在《大正的青年于帝国之前途》一文中，则突出了国家的危机意识成就了青年的历史使命与奋斗目标的青年政治观念。因此，为了使青年具备爱国精神，并且使这种根植于历史中的国家意识转变为青年自己的意识，德富苏峰提出了有必要经常进行忠君爱国心的理想教育的建议。所谓近代国家就是处于备战状态下的战争机器，因此，青年的理想形象就是合格的士兵，就是具备“全国皆兵之精神”的好士兵。

创建近代日本青年组织的重要人物山本泷之助（1873～1931）对当时日本社会只是将“青年”的概念限定于学生和知识分子的少数精英意识非常不满。为了消除这种社会意识上的阶级差别，他在1897年自费出版了《乡村青年》的杂志，号召对农村的年轻人进行启蒙教育，加强他们对国家的认识与自觉。并且认为，在意志的涵养等方面，农村青年要比都市青年更为优秀。国家精神与个人精神同属于一种构造，都是以主观意志与主体性为出发点，将社会“理想”付诸于实践，在“理想”的实践过程中形成自我的意志。山

① 德富苏峰《大正时代的青年与帝国的前途》1917年。

本泷之助的青年组织强调以青年为主体的自治和自主教育，突出体育、道德教育、村民教育、补习教育，以区别于以青年为客体的学校教育。1915年日本政府颁布大臣训令，将各地的青年组织的名称统一为“青年团”，使自发产生的日本青年组织失去了自治和自主的性质，演变为效命于国家政治的青年团体。

总之，在19世纪末～20世纪初，从日本到中国、朝鲜、东南亚等地年轻人开始被要求成为“青年”，要求有“社会心”，成为一种有政治倾向的社会主体。大众媒体不仅提供并普及了“青年”的符号，并且将一直处于社会边缘状态的年轻人提高到理想化的新人的崇高位置，向拥有“青年”称号的年轻人保证一定会有光辉灿烂的明天。

第四节　超越“青年”主义

“青年”是近代化的产物。近代政治的特征是通过战争与革命确立国民国家，没有民族战争与阶级革命，就没有“青年”。在近代化的初期，国家需要重新分配领土、国界；社会需要重新分配财产和权力，因此需要一个全新的、和既得利益集团没有关系的、具有公共性的政治群体，这就是青年的诞生。反之，一个处于停滞状态的社会不需要青年的解体机制，因此也不存在青年现象。经过20世纪60年代世界青年运动的埃里克森青年心理学的自我同一性的理论里虽然还包括超自我以及理想自我的内容，但是非常显然对青年所拥有的先进性、先驱性的论述在逐渐减少。到了20世纪90年代以后的青年心理学，青年就成为一种客体现象，青年从变革的主体回到现实生活中，成为有待教育、有待成长、有待管理、有待帮助的边缘群体。

近代社会所带来的个人主义和“青年”的集体主义一起颠覆了封建家族的社会。“青年”的概念是一种近代政治集团、有组织、有理想的集体主义的象征；是政治意义上的个人。“青年”的概念和近代的自我是同义词，表现为集体的自我。近代社会在发现了理智和意志的同时，通过“青年”来表现人性中巨大的潜意识和潜在能力。青年的理念里没有利益、利害的关系，没有对金钱、物质的所有，青年的概念诞生于近代又超越了近代，超越了资本主义的经济关系和社会关系，成为一种自由的象征。

现代“青年”是边缘化的年轻人与成人社会的相互关系的枢纽。青年作为社会的一种共同体/群体有着区别于其他共同体的传统、历史和文化。作为崇高精神的一部，“悲愤慷慨”的情怀是青年运动的感情基础，是青年运动中游行、集会、宣传中忧国忧民的动力源泉。政治青年都是慷慨激烈之士，忧国忧民的情怀能够得到广大民众的同情，进而保证了青年运动政治实践的合理性与合法性。

如果有青年本质的话，我们可以举出具有正义性、卓越性、公共性这三大要素。青年作为完成人类解放和自由的理念，并不是一种单纯的形而上学，而是与经济、政治、社会、法律等现存制度和秩序有着相互依存、循环往复的现实关联。一方面，青年作为客体生活在传统和历史所规范的世界里，另一方面，青年在努力摆脱过去的羁绊，追求在未来社会中的主体性。人类社会的可持续发展正是通过政治与社会制度，从实现现在世代与未来世代在信仰、文化、道德上的传承，维持公正与协同互助关系的一种公共系统。

青年学说从根本上说是一种超越人生周期的理论。近代日本在用“青云之志”一词的意境造语“青年”时（1880年），取的是其志向高远的崇高象征，并没有具体年龄因素的考虑。青年学说以人生周期理论为出发点，发展成为一种横向的、相对静止的时间概念且超越具体年龄界限，关注此时此地的、内在的人生理论。或者说，在青年概念中有周期性，也存在有非周期性。从青年的现实性与本质性中演化出青年的人生周期性与内在性的问题。人生的周期性属于青年现实性的范畴，近代以来的青年研究，特别是青年心理学的理论片面地强调人生周期性的重要性，而忽视了青年阶段与青年现象所体现的对人生、人类的存在意义，以及实践与实现这种存在意义的终极关怀。

青年存在的意义是超越现实的，对青年现象的理解是在“过去、现在、未来”的时间轴上进行的。青年现象是人在有限的生命过程中努力超越自我、完成自我的一种存在。在中世纪的日常生活中被埋没的人们，在近代社会中得到了一种机会，有可能在未来发展自己的多样性，这就是区别于成人的“青年”的诞生。从出生之日起，人就被投入在不可选择的世界中，成为一种自在的人。而人为了在不可选择的命运中获得生存自由，又必要再次投入到对象世界里，这一次和人的生理成熟过程有着同时性、有目的性的、自觉的投入。这一投入的过程被称为青年期，处于这一投入阶段的人被称之为青年。通过对主体性的自觉，青年在追求新的可能和真理的同时重新安排和构筑自我的存在意义。青年对现实社会的超越、超前的现象，是对人的存在意义的一种反馈；也是人的生存意义与世界的存在意义的一种自觉的交流、互动与构成。

“青年”是一种有时间性的真理。“青年”的概念具备价值和意义，并不是道德价值和社会意义，而是属于生命的存在意义和价值。因此，青年对现代世代的评价不是根据社会道德的基准，而是直接与生命存在的意义作对照。道德通过对社会规范的实践旨在说明人的外在（社会）的存在意义和价值，青年通过对生命的理解旨在演示人的内在（自我）的存在意义和价值。“青年”和“正义、勇气、思虑、节制”等一样，属于一种自我的主体化思想，一种自由的内在化理念，一种从他律性向自律性过度的、以人的自律性为基准的哲学。道德是必须实践的，是一种行为；而青年则是一种象征性的理念，只是体现人的本质。

近代社会的道德主体是体现人的“卓越性”。青年现象是他律性与自律性、现实性与本质性等两性具有的特征。青年是一种接受社会制度、历史、伦理、心理等要素直接影响的现实性存在；同时，青年也是一种面向未来的、带有主体参与的可能性存在。青年概念和青年现象是人类克服异化、获得全面发展的社会理念与实践过程。青年概念和青年现象的意义在于在人类的发展进程中逐步地实现人的存在本质。和马克思主义的其他理论一样，“青年”理论也是作为突破近代化理论的局限而出现的一种超越性的社会理论，是共产主义理论构成中一个不可分离的组成部分。

结　语

在我们之前，历史学家、心理学家、社会学家已经对“青年”的历史发展、近代社会里青年的存在、以及“青年”运动等方面做了详尽的描述，分析了青年作为一个年龄群体的社会角色以及经济基础。现在我们要做的是解释“青年”的存在与社会发展的各个特定历史阶段相一致的特征与过程。阐明青年的反社会现象是属于人的异化领域，也属于人的自我反省的领域。青年所展示的希望和理想属于人的自由与全面发展可能性的范畴，也属于人的革命性的范畴。总之，所谓“青年”概念，青年现象、青年思想、青年运动等等都是从属于人从自在向自为进化过程中的一个历史阶段。

青年史的研究是对作为思想的青年的研究，从不同时代的青年的现象认识青年的全体和本质，涉及到各个时代的思想、方法、人物等“精神与社会的进化论”。在启蒙精神下展开的近代世界观，合理主义、实证主义、经验主义、客观主义、自然主义还有与近代精神相关的青年主义。产业社会产生了无产阶级，同时也产生了作为近代社会意识形态的“青年”主义。作为批判哲学的青年主义和启蒙精神，科学与民主有着天然的关系。当现代化社会形成之后，青年主义和启蒙精神、浪漫主义等近代化初期的思想一起趋于消亡。在日本近现代历史中走过了一个从“年轻人”（若者）到“青年”，又从“青年”回归到“年轻人”（若者）的青年思想史的过程。

最初出现在道家或阴阳五行家思想系统中的“青年”用语只是一个近于神话的概念，是一种诗性的构思，是一个用于表现完美与崇高的理想人的文化形象。从中世纪到近代，无论“青年”的概念发生了怎样的历史变化，增加了多少丰富的价值内容，其原创时期对人可能达到完美和完全境界的意识和期望是不会改变的。马克思主义认为自觉的、能动的、摆脱异化在各方面都得到自由与全面发展的人是人的本质之所在，其历史进程是人之所以生存在这个星球上的意义所在，而原创时期的“青年”概念，以及后来在各个历史阶段中发展的“青年”理念正是和这个基本原理相一致。因此，历史唯物主义正是在这个基本价值原理的基础上，探讨“青年”的历史与实践，从“青年”的现象中认识“青年”作为经济的、政治的、美的、宗教等上层建筑和经济基础的生产物的本质，阐释“青年”在人类史与世界史上的历程。这应该是当代青年研究的基础与意义之所在。

第五章

青年的崛起与近现代文明的形成

引　言

我们不仅关注世界史中的青年，更关心青年的崛起与新文明形成之间的关系。我们注意到青年的崛起与近代国家的形成的惊人的一致性，以及在后现代化社会中，青年的创造性与新文明形成之间的重要关联。每一个先进国家以及新兴的发展中国家都将遇到青年的崛起与新文明形成的课题。20世纪青年运动对资本主义文明的批判，以及对新文明、新文化的构筑与向往，与21世纪初世界青年运动的再一次蓬勃兴起是一脉相承的。

第一节　青年与近代国家（民族）的形成

从人的生命周期中青年的研究出发进一步开展对人的历史进化中青年的研究。英国教育家E. Key（1849～1926）在《儿童的世纪》（1900）一书中指出，青年从成人社会中分离出来的现象，应该算得上是一项人类文明进步的成果。“青年”、“青年期”的概念在近代社会中具有超越阶级概念的意义，在现代社会里更具有取代阶级与阶级斗争概念，维持社会稳定和有序发展的意义。用解决青年问题的方法缓解阶级矛盾，是近代以来先进国家所展开的一项重要的社会活动。

19世纪青年开始成为创新、革命、改革等理念的实践的主体，青年炙热的激情和呐喊给予大众以信心，成为当时群众运动的带头人。从1770～1870年的100年间逐渐形成了近代青年运动的革命传统。很快，青年群体的影响力被保守势力所重视，英国保守党中年轻一代组织起了“青年英国党运动”。在阶级矛盾非常突出的维多利亚时代的英国青年运动主要通过各种仪式、开展大众教育、禁酒运动、和平运动等活动，力图从都市化、工业化的近代资本主义社会中解放开始出现异化现象的青年。开始注意到“青年”和“青年期”所具有的身体的本质与历史的本质这两个重要的组成部分，并且将道德概念从“青年”概念群中分离出来。既是作为主体的“青年”与客体的“年轻人”的价值意识的区别，也是由青年主宰历史的进程，还是青年被历史的发展所支配的重要区别。20世纪初青年心理学的产生应该是对主体的“青年”和客体的“青年”最显著的学术领域的标志。埃里克森在他著名的《自我发展与历史的变迁》（1946年）一文中就指出在人类共同体的历史进程中个人的成长遵循着一定的周期性，强调有必要将自我心理学、人的生育史学从社会学、历史学、文化人类学中分离出来，构成了对青年周期性研究和对青年历史性研究的两个学术体系。

英国哲学家罗素（1872～1970）在《道德的基准与社会的幸福》一文中用四个方面来概括道德的基准，即本能的幸福、友情与爱情、美的鉴赏与创造、对知识的爱。青春即是一种道德理念，同时“青春”的概念也属于诗性真理，自然地表现在作为它天然媒介的诗歌中，揭示人在成长过程中的崇高与精神领域的升华。诗性真理的本质有别于科学真理，诗性真理的直觉价值和崇高意义使对青春与青年研究不可能真正转换成以数理学为基础的自然科学体系。

同时，在20世纪初，青年的潜在可能性受到了更多的重视，对青年的研究扩展到青年生活的整个领域。从维多利亚时代的对青年自由放任转变为要求青年加强与成人社会同一化，加速投入到国内政治斗争和对外战争的第一线上去。英国的社会改革家C.罗素写到：“在任何时代，青年都担负着祖国和民族的未来。只有青年才有可能规划伟大的计划，才有可能将高尚的思想转变为行动。我们成人所能够做的就是将机会赋予青年，认真辅导并做出榜样。”到了第一次世界大战前夜，至少半数以上的青年受到了狭隘民族主义和保守主义的影响。1911年德国成立了具有明显保守倾向的“青年德意志联盟”，到1914年已经拥有75万会员。

从1908年起，英国开始了有名的、贯穿于整个20世纪西方教育领域的少年童子军运动。以财阀和军队为后盾的童子军组织有着强烈的国家主义色彩，崇尚社会达尔文主义和国家至上的精神。当时，英国2/3的童子军干部为高级军官，并且与后备役军人组织“国民兵役联盟”有着非常密切的关系。童子军的意识形态属于中产阶级的基督教清教伦理。1966年，英国以成年男子为对象的调查显示，44%的中产阶层的男性曾经是童子军的成员，而劳动阶层的男性不超过25%。英国的童子军运动是中产阶级的功利主义和贵族阶级的骑士道精神的一种混合体，其原型是与英国传统密切相关的19世纪中叶的福音主义的“少年部队”（Boys' Brigade），体现了英国青年运动的一个侧面。

与英国的青年运动同样的是，德国青年运动的基本群众也属于中产阶级性质。1896年的德国“候鸟运动”（课外活动）与英国宗教传统文化和严格管理的军事化青年运动相反，不仅是向德国贵族社会风俗习惯的挑战，而且在运动的初期也反对德国军国主义的风潮，是一种带有反抗性质的青年运动。1828年J.费吉在《老人支配论》一书中叙述了年轻一代对大革命失败后法国社会的不满。同一时期的著名油画《引导民众的自由女神》中所描绘的青年学生和流浪儿的形象，从艺术的层面宣示了青年的革命性质。有1813年的青年意大利，1913年的自由德意志青年运动等政治团体和运动形式，还有青年欧洲，青年法国党，青年德国党等前卫的艺术运动和新启蒙运动。当时的青年运动表现在对自由的追求，对传统教条的敌对；在政治立场上属于个人主义和无政府主义的范畴。但是在第一次世界大战以后，德国青年运动主要以右翼的“青年国民联合”为主体；意大利、法国等国的青年运动的无阶级性、无党派性的形象也开始消失，渐渐失去了青年所特有的反抗与批判的精神。在青年批判的呐喊声逐渐低沉下去的地方，近代君主国家开始了向现代民族国家过渡的进程。

第二节　青年与新文明的形成

我们不仅关注世界史中的青年，更关心青年的崛起与新文明形成之间的关系。我们注意到青年的崛起与近代国家形成的惊人的一致性，以及在后现代化社会中，青年的创造性与新文明形成之间的重要关联。每一个先进国家以及发展中国家都将遇到新文明形成的课题。如果不能够解决新价值观、新文明形成的课题，那么，所谓“大国的崛起”就只能是黄粱一梦，只具有短暂的生命力，不可能主导人类世界历史的进程。而历史观念、特别是青年对人类历史使命的认识，构成了新文明的框架。1798年7月20日拿破仑在埃及金字塔下对受过法国大革命洗礼即将投入激战的年轻的法国士兵们发出了这样的号召“士兵们，4000年历史今天从这些金字塔的上面看着你们”[①]。这种将眼前的目的与人类文明发展相对应，将自我的行为与人类历史进程相一致的思想，应该是近代青年历史观诞生的生动写照。

因此，我们不能同意有关“青年”的历史作用在社会的现代化完成以后就结束了的论点。这是以资本主义文明在全世界的胜利最终阶段的“历史终结论”在青年研究中的翻版。相反，只有继续将“青年”看作为是“新人”，看作为一种社会的具有主体性的创新力量，将青年所具有的社会革命的能量转换成社会创新的动力，才有可能成就一种新的文明崛起。日本的青年运动在20世纪 80年代以后就已经销声匿迹，20世纪90年代以后“青年”现象，以及“青年”的称谓开始淡化、消失。近20年，日本的年青人呈现出儿童化与成人化这种两极偏颇、缺乏创新和批判精神的倾向，直接或间接地成为日本社会、经济、文化、思想、政治停滞的重要原因。20世纪90年代初

① 叶·维·塔列尔《拿破仑传》p46，商务印书馆1976年。

日本青年心理学者西平直喜在《生育史心理学中的成人现象》一书中已经指出，M.米德对萨摩亚岛的研究中得出了，在原始社会的状态里不存在青年期现象的结论；而在高科技的现代化社会里，青年期现象也将消失。这种青年期现象的消失被称之为“反萨摩亚现象”[①]。遗憾的是，他仅仅论述了青年期消失与现代化社会发展的关系，没有能够对这一重要的现象做更深入的研讨。

英国的崛起代表了19世纪的西方文明和普世价值；而美国的崛起则带来了影响整个20世纪的美国文明，今天被许多知识分子称为普世价值的，实际上就是指这种美国文明的核心价值。反之，如荷兰、葡萄牙、西班牙、日本等大国的崛起对历史的影响力却十分有限，虽然这种崛起给所在国带来了成熟的文化，或者可以称之为小文明，形成了一定范围的文化圈，但没有能够形成文明圈，且形成一种拥有普世价值的大文明。

今天所谓“文明的冲突”，即基督教文明与伊斯兰教文明的冲突，并不是军事、政治、经济的冲突，或者是国家、国家集团之间的冲突。这些现象都有过、都存在，但并不突出。所谓文明的冲突就是意识形态的冲突，是普世价值观的冲突。伊斯兰教影响下的青年是以伊斯兰教义作为自己的人生观和世界观。青年们对伊斯兰的普世价值持有的认真的态度、绝对的忠诚、狂热的斗志，以及无已伦比的、前赴后继的献身精神，使得这种在经济、政治、军事、舆论上都占绝对劣势的文明，有可能在21世纪初期对抗以当代普世价值自居的基督教文明。正如古代信奉基督教的年轻人用他们对上帝信仰的献身精神对抗当时的普世价值——希腊和罗马文明。

伊斯兰主义是一种文化的、知识的、社会的、政治的运动，原教旨主

① 西平直喜《生育史心理学中的成人现象》p14，东京大学出版会1990年。

义只是这场运动的一个部分而已。这场伊斯兰教复兴运动的主体是年轻人，表现出强烈的被伊斯兰精神所吸引和在共同体生活中的宗教觉醒。因此，伊斯兰运动又作为一种新型的青年运动，从伊斯兰世界开始，不仅波及到了所有伊斯兰国家，而且也扩展到全世界各地。伊斯兰复兴运动的参加者大部分与社会的近代化进程息息相关的年轻人，与近代各个历史阶段的青年运动一样，伊斯兰复兴运动的核心由学生与知识分子所构成，并且获得了女性的大力支持。各国的伊斯兰复兴运动的领袖人物80%以上是持有大学学历的20～30岁的青年，其中半数以上是有着医学、工学学位的受过高等教育的知识分子；70%的人出身贫穷[①]。在伊朗、印度尼西亚、土耳其、阿尔及利亚等国的商业阶层积极地参与到伊斯兰复兴运动的原教旨主义活动中来。和其他地区近代化的开始时期一样，都市化的进程、平民政治意识的高涨、识字率和教育水平的提高、大众传媒有了长足的发展、伊斯兰慈善/自助团体的扩展等，形成了对伊斯兰教的理想、习惯、制度的回归社会基础和伊斯兰复兴运动的历史前提。

同时，伊斯兰世界人口增长的速度超过了其他地区的人口增长速度，1980年占世界总人口的18%，到2000年已经增加到占总人口比例的20%。人口社会学认为，年轻人的数量激剧增加的状况下，往往出现改革与革命的历史现象，如15世纪欧洲的宗教革命就是以年轻人为核心的一场青年运动；而18世纪的欧洲民主主义革命的时代也是和年轻人的人口大幅度增加有着不可分割的因果关系。还有，如1920年代年轻人比例的增加与第二次世界大战因果相关；1945年以后的婴儿潮又是与20世纪60年代的学生运动和抗议活动紧密

① S. 亨廷顿《文明的冲突》p167，集英社1998年。

相联[①]。

这次2011年初始于中东地区的政治变革和动乱就和青年人口的增加和高比例有着直接的联系。埃及的人口的一半在25岁以下，其中40%的年青人处于失业的状态之下。突尼斯14～24岁的人口占人口总数的1/3以上，年青人的失业率达到50%。发起和革命的主力正是无党派的青年群体的一次又一次突如其来的、如同海啸般的青年运动，而不是这些国家的在野党或反对势力。方兴未艾的中东地区的政治变革，展开了21世纪世界青年运动的新的篇章。

“青年”不仅仅是依据理性而生存的，他们在追求自己的利益的行动之前，先要确定自身的定义，必须先规定自我存在的价值。在社会急速变化的时期，在已经确立的自我同一性倒塌之时，有必要重新建立自我的新定义，构筑自我的新形象；重新回答“我是谁”等问题，重新规定自我的归属性和宗教性。这是20世纪90年代后一直延伸到21世纪的伊斯兰世界青年的现象，其特点是对西方的意识形态和现实的认识上青年的自我同一性和归属性出现了问题，伊斯兰教作为年轻人自我同一化、自我存在意义、价值的正统性，以及希望和理想的源泉出现在地平线上。

伊斯兰青年运动自20世纪90年代起就已经开始形成了一个与近代化文明对抗的、被称为“文明的冲突”的运动。这是自苏联和东欧社会主义国家的政治制度、社会制度崩溃之后发生的。这一历史性的事件说明了对近代化或现代化的资本主义的批判运动并没有结束，所谓“历史的终结”的结论还为时过早。我们不能将21世纪出现的主要以穆斯林极端主义所造成的恐怖主义和伊斯兰青年运动混为一谈，不能一叶障目忽视了伊斯兰教作为一种普遍的世界宗教对西方基督教世界的压力。特别是在信奉伊斯兰教的年轻人中出现

① S. 亨廷顿《文明的冲突》p175，集英社1998年。

的反资本主义社会制度，坚持创立以伊斯兰文明为主体的社会共同体的斗争精神，应该被认作是21世纪世界青年运动的主流。

这一潮流是否可以看作是从20世纪马克思主义青年运动过渡到21世纪伊斯兰主义青年运动，伊斯兰青年运动取代了马克思主义成为世界历史的批判主体的过程。“青年”并没有从世界革命运动中退场，而只是转换了意识形态上和地理上的舞台，世界文明的冲突从马克思主义对资本主义的斗争转变成伊斯兰文明对基督教文明的对抗。马克思主义是近代化的产物，但不属于基督教文明，是创立了超越资本主义阶段的共产主义文明。而伊斯兰教作为一种外在于基督教文明的世界宗教，在批判的理论、方法、手段都与马克思主义不同，因此，青年运动的形式也就不是我们所熟悉的上个世纪的形式，而是用伊斯兰教的理念构造和思想武器反对西方的近代化、全球化模式和价值观。

第三节　青年与自由的创新

“青年”的概念实际上是一种自由道德理念。这种自由道德理念并不等同于自由主义或放任主义，只是在公共领域设定了自由范围更广的、带有青年特征的一种政治文化。“青年”的根本特征之一就是其公共性的特征。对青年的研究不是为了限制青年的自由，而是使青年内在的自由通过启蒙成为自在的可能。青年政治文化的自由道德观念的核心应该是创新精神与平等尊重这两个规范。

康德在《什么是启蒙》一书中写到：“启蒙运动就是人类脱离自己所

加之于自己的不成熟状况下，不成熟状态就是不经他人的引导，就对运用自己的理智无能为力。当其原因不在于缺乏理智，而在于不经他人的引导就缺乏勇气与决心去加以运用时，那么这种不成熟状态就是自己所加之于自己的。”[①]康德认为启蒙是一种自由的精神，除了自由而外不需要任何别的东西。从青年研究的角度来看，没有充分的勇气和决心就不可能摆脱未成年的状态；缺乏这种自由的精神，未成年人就不可能过渡到成人。在康德哲学里，青年就等同于一种启蒙的状态，“青年”就是追求自由和解放的一种近代社会的理性象征与社会现象。

近代以来，对人类历史的线性的发展形式以及螺旋型的发展形式的两种历史发展模式的认识过程，直接影响了对作为知识形态、思想形态的“青年”观念的理解。如果只是单纯的上一个世代的延续和继承，没有新的哲学，或者说缺乏新型的社会理想，作为区别于上一个“老年”世代的“青年”现象就会消失。因此，“青年”的理念并不仅仅属于年轻人的群体，也扩展到社会的各个年龄阶层。当然，我们并不主张一种泛青年主义，而是指出无论在理论上还是在实践中，“青年”现象的存在与发展对社会进步都具有重要的意义。“青年”现象主要属于社会新一代人的年轻人群体。

一个没有青年现象的社会是处于发展停滞状况的社会，而具备明显“青年”现象的社会则会显示出快速的变化和不断的创新。“青年”概念的出现应该是进入近代史以来，人们自觉的认识到了人类社会的发展除了继承性以外，还必须具有不断创新和再生的规律性。而且，这种社会的继承、创新、再生的形式是与人从自为走向自由的过程相一致。在此，相对于以“继承”为宗旨的年轻人的价值观；“创新”优先于“继承”的理念成为青年理论的

①I. 康德《什么是启蒙》p1，岩波文库 1973年。

基本原则。

在近代社会开始时，"青年"是作为社会革命主体的一部分出现的；而在后近代社会里，"青年"则是作为主流社会的他者，主体现象逐渐淡化，更多的时间是体现为社会客体的现象。但是，就是这个他者的"青年"有着历史继承的重要课题。作为他者的"青年"是否应该承担上一个世代的责任和义务？经济上、政治上、文化上、国际上的遗留问题。是完全的、无条件的继承？还是有选择的继承？"青年"作为家庭的一份子、社会的一份子、国家的一份子、地球的一份子继承着上一代人的正负遗产。日本的年轻人中间对战争责任问题议论最多的是：为什么我们的世代要为祖父世代所犯的战争罪行负责？

是继承还是革命，这是"青年"所面临的最大的问题。进入近代社会和现代社会以后，有关继承的问题就成为"青年"的历史使命。现代青年研究以及青年教育基本上都是围绕着继承和如何继承的问题展开的。但是，没有革命就没有"青年"。没有对主流社会和主流文化的批判，没有在历史的连续性和非连续性上的彷徨，就不会有"青年"这种历史现象的出现。

具有一定意识形态意义上的启蒙性、革命性、批判性、创新性是近代"青年"的主要特征。在后现代社会中失去了这些特征，顺应社会同一化、社会角色化，等待着"成熟"来临的年轻人就很难被称为"青年"，只能被认作是生理年龄、社会年龄、物理时间意义上的"年轻人"。而一旦成为"青年"或者具备"青年"特征的人，一辈子都不会都不可能洗去"青年"的痕迹，无论他（她）是否满头白发、儿孙满堂，也不论他们的政治立场是否已经从革命走向保守，他们的思想和行为都会显露出许许多多"青年"的特征。这样的例子在18世纪的法国大革命后、20世纪的俄国革命以及中国革命以后的岁月中不胜枚举。同样，在日本社会里真正具备“青年”特征的不是现代的20～30岁的年轻人，而是那些参加过1968年学生运动，或是经历过那一时代的人们。“青年”是一种思想，一种行为方式，一种世界观。

“青年”的概念是一种对人的解放行为的价值尺度；“青年”的概念本身就象征着一个人的全面发展的思想体系。任何能够称得上青年运动的的历史事件，必须包含对人的解放的追求行为与思想活动，并不是有年轻人的地方就一定会出现青年运动。比如我们在印度或者北欧地区的近代历史上就没有看到比较典型的青年运动。作为近代社会的产物，“青年”的概念象征着年轻人历史的“真实性”，以区别于年轻人社会的“现实性”。对自我的历史真实性，换言之对历史使命性的认识与自觉，是区分“青年”与“年轻人”的理论依据。“青年”是一种思想体系，也是一种精神与美学的象征，而且更重要的是在不同的历史发展阶段上，创新作为人的解放与全面发展思想中一个环节的“青年”理念。

第四节　永远的“青年”

青年性是作为人类的生物性、心理性成熟过程中的必然产物；经常作为带有历史偶然性的媒介因素出现在社会发展的进程中。从19世纪以来，青年作为一种新型的世代现象，活跃在各个重大的历史事件之中。但是进入了20世纪80年代以后，包括日本在内的西方世界的青年现象发生了本质性的变化，动摇了青年理论，特别是青年心理学的根基。同样，这种变化也深刻的影响了发展中国家对青年本质的认识。因为，如同在萨摩亚岛的原始社会里不存在文明社会的青年期一样，在后现代化社会里，传统的青年期也逐渐消失。这种状况被称之为“后萨摩亚”现象。20世纪90年代的日本社会还出现了青年发展停滞的现象，被称之为世代更替暂停的现象（moratorlum）。

如果没有青年期，如果只有儿童期和成人期，在人生的周期中，人的发展是否能够更加顺利一些？为什么青年期是必须的，不可缺少的？我们所说的“青年”是否属于一种“永远的青年”的现象，即每个人的思想或人格里都存在着“青年”特征的原型。对现实生活的逃避、参与、批判、超越等等。人所共有的“青年”特征和年轻人所具备的“青年”特征是有区别的。成长的本质或者成人的本质。在没有理清人的本质是什么的时候，是很难认识“青年”的本质的。

近代社会里青年存在两大难题。从社会学，心理学的立场上看是世俗化、角色化的问题。在社会同一化、自我同一化的过程中逐渐被世俗化，被日常生活的惯性所埋没，成为海德格尔所说的忘却自我的“平均的人”（dasman）。从哲学、历史学的立场上看是人的异化。年轻人只能认识自己本质中的异化的那一部分。这是马克思主义的出发点，也是社会主义革命要解决的主要问题之一。“青年”是一个近代社会中非常典型的人类社会再生产的概念。可以说，在近代社会中每一代的年轻人都处在这两个危机的中间，黑格尔说，一个民族有一些仰望星空的人，这个民族才有希望。在近代和现代社会里，“青年”一代就是各个国家和民族承担认识和实现世界历史本质的理想载体。

在青年研究中，一般比较注意青年过渡到成人的成长过程，很少有对年轻人过渡到“青年”的研究。所谓“青年”，不仅是自我意识的扩大、自我存在的客观化、自我人格的形成等心理层面的要素所构成，更重要的是对历史意义的认识，对历史使命的承担以及对历史变革的参加。这就是康德哲学中启蒙所带来的自由精神的内涵，同时也规定了“青年”的价值与本质。这里，使用青年的历史性的概念要比使用世代性的概念更容易切入“青年”课题的核心。

对“青年”的理解也有两个不同的趋势：世俗化、非本质性的理论趋势；超越化、本质性的理论的趋势。就如宋代以后出现的“理”与“气”的争论，现代出现的“儒学”和“儒教”的分歧一样，“气”、“儒学”强调其世俗性和具体的人，以及在人们日常生活中的指导作用；而“理”、“儒教”则突出其超越性和抽象的人，以及在人类历史中的终极关怀和最高目的。

我们对“青年”的基本概念和理解形式都是随着历史经验的变迁而变化的。这样的青年观就是，无论它所遇到的青年问题，还是它所能够得到的有关青年成长的知识都是有历史条件的。年轻人所具有的各种价值、所具备的各种社会角色以“青年”的形式出现。青年构造的性质和青年诸要素的历史的研究，对青年本质的研究是为了辨别人的发展过程是属于“青年”阶段还是属于“年青人”阶段。“青年”的出现是年轻人与社会的关系，年轻人与自然的关系发生了根本的变化。“年轻人”的概念指的是单纯的世代交替与传承，是一个代与代的关系的问题，在心理学上是一个自我同一化的课题，在社会学上是一个角色转换和定位的问题。

“青年”的概念则是指对社会的创新和革命，是一种历史的价值转变的媒介，是社会公共性的体现。“青年”是一种历史精神，是对自我历史使命的同一化。社会角色的生产（他我）和人的自身的生产（自我）。在“青年”理论的研究中，我们将会遭遇与“青年的贫困”相关的形而上学的哲学问题，以及与“贫困的青年”这一类现实社会中的日常生活课题。

青年的本质与历史的本质；想像中的青年与现实中的青年之差异的理论。从青年异化的透明度来观察和分析青年的本质。青年的周期性与青年的革命性是从两个不同的方面构成了“青年”现象。所谓自由或自由意志，就是青年革命性或青年历史使命的理论基础。时间的等质的连续性、以及时间的同世代性的问题。

第五节 “青年”作为历史时间的象征

在公共领域中的青年。“青年”所在的位置并不是客体化了的社会角色，或者是获得自我同一性的完成，而是在公开性、共通性、参加的可能性的公共领域之中。近代社会所产生的“公共”概念和公共领域是属于青年的世界。或者说，青年运动只有在公共价值中才有可能获得正义性和正当性。应该说，这是区别于政党和其他群众运动的地方。如何将青年运动引向公共领域和公共事业，应该成为青年工作的主要方向。

20世纪青年运动的主流是对资本主义的批判，青年的主体是追求对资本主义文明的超越，以及构筑新型的文明框架。中国的青年运动，从五四运动开始，经历了抗日战争、解放战争到社会主义建设时期，甚至最受争议的“文化大革命”红卫兵运动，其主要的特征和斗争的主要方向是对资本主义制度和思想的批判。早期的西方青年运动带有启蒙主义的理想色彩，应该是属于近代资本主义文明范畴，而进入了20世纪以后，以五四运动为例，青年运动有追求“科学”、“民主”等近代文明的理念，但更主要的是反对帝国主义的侵略等近代文明所带来的负面的因素和结果；在20世纪的中后期，特别是20世纪60年代西方社会的学生运动、反战运动的主旨是对资本主义社会的制度与意识形态的批判。20世纪90年代开始的伊斯兰青年运动，以及近期的阿拉伯世界的青年运动，究其根源，也应该是属于对一元化的资本主义文明的反思与批判，对西方帝国主义的宗教歧视与压迫的反抗。

青年研究的过程也正是一个创造“永远的青年”的过程，以及深化理解“永远的青年”本质的过程。唐代文学家韩愈在《马说》一文的开篇就写到“世有伯乐，然后有千里马”这一有着深刻辨证思想的名言。也可以此推演，青年本质不是天生就有的，而是通过无数的青年研究者对青年的认识与实践所创造的一种超越近代国家制度的政治理论或超越资本主义文明的历史哲学。所谓青年的本质就是人类理想中的“永远的青年”。我们相信这种凝结为历史唯物主义的原理和原则形态的青年本质，应该会成为推动人类历史发展的动力之一。

第六章

寂静的青春

——试论青年现象的消失与存在意义

引　言

本文前提是在发达国家或后现代化社会里所出现的一种青年特征逐渐消失的现象。这不是一代人的消失，年龄的构成、世代的传承并没有出现中断。所谓青年现象的消失是一种创新思想的消失，是一种时代象征、一种解构机制、一种英雄主义、一种革命精神的消失。政治思想学上的“代沟”被归纳为一种20世纪60年代的历史语言。反之，这种青年现象的消失如同水落石出，在相当程度上将青年本质的构造呈现出来。观察处于静止状态的保守青年比观察运动状态的革命青年，能够使我们更容易从个人的发展、人类的发展、“人的解放”的立场对青年本质等基本问题进行理论上的分析与考察。

第一节　青年的“被”合理化

“青年”的概念不代表一种具体时间，因此对青年的年龄上限和下限的议论会一直持续下去。“青年”是一种普遍时间的象征，是人对社会时间这一抽象物的认识程度，以及自觉地与社会时间互动的关系。从这个意义上说，处于自在阶段的年龄并不具有哲学意义上的时间性；有着普遍意义的时间性永远是和作为自为的自我的存在保持着一致。

人是一种时间意义上的存在，“青年”是人类文明进程中一种世代传承与克服人的异化的象征。在社会科学中青年虽然被当做一种理所当然的存在，但是对青年本质的讨论；对作为个体的青年；对作为群体的青年；对青年现象的正面性和负面性；对作为社会进步的希望与行动前提的青年的定义的讨论从没有停止过。作为社会科学的研究对象与课题，“青年现象”或“青年主义”仍然处于未知的领域。

如同在20世纪70年代初期对环境污染问题的认识一样，青年问题在我们的知识系统中是一种常态、一种周而复始的世代循环的现象。可是到了21世纪初期，这一处于常态的知识系统（青年）突然的发生异变，我们以为会持续不变的青年现象，和其他已经成为历史的人类文明现象一样，在一定的条件下（如后现代化时期）会呈现出衰退与消失的状态，出现“寂静的青春”的现象。与生态环境保护一样，维持和保护社会的青年现象，已经成为保持经济活力和社会生命力的重要工作。

今天的日本社会中80后、90后的青年人已经很自然的顺从社会的规则与风俗习惯，与冒险相比，一方面，更趋向安定的生活。青年并不期望遭遇偶然的机遇性，因为他们不想也没有欲望与能力来驾驭这种自我或社会的变化。青年尽可能的回避不可预测的事件，在被保障的范围内选择自己的人生目标。与以前世代的青年相比，一方面，他们的独立性更强，更加自我中心，能够选择自己的前途；而另一方面，失去了对偶发事件的对应能力，失去了对不可知的偶然性的适应能力。互联网所造成的虚拟世界使得青年不必亲身去参与实践，只需在虚拟世界就可以获得经验的一种错觉。多次重复的虚拟体验使得青年的活动范围逐渐缩小，以至于逐渐失去了行动与实践的能力①。

法国历史学家阿里埃斯（Aries，P.）有关欧洲“青少年”概念的产生以及对“青少年”存在的发现起于13世纪的《儿童的诞生》一书，对作为思想的“青少年”、作为日常生活的青少年的诞生曾做了详尽的研究；与此同时，他在1980年的一篇论文里根据欧洲出现的出生率降低的现象，以及儿童在家庭中的王者地位逐渐失落的现状，非常有预见的提出了“青少年”现象消失的可能性。美国大众文化的研究者波斯特曼（Postman，P.）在1982年的论文中也提出了“青少年期”消失的理论。他认为，从中世纪到现代社会，需要传递的信息主要是由文字组成的，因此青少年期的存在是与获得读写能力联系在一起的（法国构造主义学者拉康在1930年曾提出“青少年”enfant/in-fans的辞源是“缺乏语言之人”的论点②），青少年期是与学校教育制度的出现同时诞生。但是随着电视等非文字化的现代传播媒体的出现，公开的、大量饱和的信息将使得青少年与成人的区别将越来越少，最后导致青少年现象的消失。

自20世纪初期起，青年心理学就开始对青年现象与社会规范的同一化作了大量的研究工作，其结果是用同一化的理论、阶段化的管理、角色化的

① 山田昌弘《青年为何出现保守化》p9，东洋经济新报社2009年。

② 佐佐木中《夜战与永远》p33，以文社2009年。

规定，用社会功能的合理性来证明社会等级的合理性，把青年现象更多的认识为病理性与异端性。从这一方面来说，近代青年心理学的普及与实践使得青年丧失了其原始性和自然性。现代社会的特点是可控制性（或者是合理性），社会在一个可计算、可调节的运行中，包括青年群体在内都被安排在一种有序系统之中。在青年问题上，这种社会控制通过青年心理学的理论，通过青年自身的内在的动力，使青年在意识和无意识中服从于一种合理性（一种“被青年化”），即现实社会的合理化。青年心理学规范了青年的这种发展形式的合理性。

在人类历史上，一个民族、一个社会、一种文明在处于上升时期，特别在近代化、现代化的过程中，青年现象就会出现并对社会产生政治影响。这也是“青年”的概念和现象是近代社会产物的政治学定义的由来。而对青年阶段性发展的控制和调节，关系到一个社会发展的效率性、有序性和可预测性，也是发达国家与发展中国家的在社会发达程度上的重要区别。利用专门化的知识与政策将青年群体的不可预知、不可预测的行为和方向性规范化、建立一种可以控制的体系，并且充分发挥青年的潜力与潜能。从近代社会初期对青年的政治的、文化的、道德的严格管理，到现代社会、后现代社会对青年发展阶段、发展形式的合理性及个人权益的客观性调节体制的创制，青年在社会化中实现了这种形式的合理性。

21世纪完成现代化的发达国家开始进入后现代社会、走向保守、表现出衰落状态时，与近代化、现代化共生的青年现象就开始慢慢地淡化、逐渐的消亡了。现代化社会，以及作为现代化的意识形态的青年心理学的出发点是在努力制造一种没有反抗性、没有批判精神的青年群体。或者说，从青年特征中剔除反抗性质和意义。这里作为问题的是，没有了批判精神的青年是否还能够称的上青年。

如法国思想家巴坦尤（G.Bataille，1897～1962）所指出的没有批判精神的青年是属于“没有共同体的共同体”；或者用萨特（Sartre，1905～1980）“人是使得自己成为其所是”的“自在—自为”方法论来看，没有批判精神的青年没有使得自己成为“青年”，没有表现为“青年”，没有演示“青年”的存在。在发达国家的后现代化过程中，社会显示出一种“青年”概念的过时性和退化现象。或者说是一种青年的保守化过程导致了被典型化和意识形态化了的具有革命性质的青年现象逐渐消失。大众文化的出现在相当的程度上、在潜移默化中造成了保守化的市民群体，而青年正是这一群体的重要组成部分。大众媒体用市民的语言，用大众的表达方式、用非政治宣传手段，诠释并使统治阶级的行为和意图合理化、正当化。

青年不仅是社会客观关系的整体，可以用定量的、客观标准的方式去理解和评价“青年”。青年也是一种主观的存在，是一种思想的存在。是人类为了解决自身在文明发展中所遇到的各种问题，特别在近代、现代社会发展中所遇到的问题，在世代的交替中分化出“青年”这样一种带有一定革命成分的“创造性主体”。从政治学的立场出发，“青年化”而不是“同一化”才是解决青年社会问题（如压抑、退缩、贫困、沮丧等）的惟一途径。这种创造性主体的青年在带有批判意义的运动时，就可能与社会主体—成人群体发生对立和冲突。而现代社会的各种问题，无论是生态环境保护、教育还是就业问题，甚至退休金问题，都会影响到青年一代，涉及到各个世代之间关系。现代经济学的核心问题之一就是被称为“世代间的均衡性问题”。

英国剑桥大学的希维克（Sidgwick，1907）所著《伦理学方法》已经注意到了“如果未来世代的利益与现存人类的利害关系出现对立的话，我们应该在何种程度上照顾他们的利益”所面临的问题。他以为，伦理学应该保障每一个世代生存者的幸福。另一位剑桥大学的学者毕库（Pigou，1920）在《福利经济学》中写到“由于我们对未来的认识存在着重大的缺陷，因此，大大缩小了未来世代的幸福与快乐”。到了20世纪90年代以后，理论界已经开始考虑平等对待各个不同世代的利益。21世纪初对生态环境保护的潮流，正是国际间跨越国家的界限，为了未来世代的生存环境以及资源分配所做出的努力。法国哲学家多沃金（Dworkin，2000），经济学家伏罗倍依（Fleurbaey，1995）提出了福利经济学的“责任与补偿”理论，从古老的“你希望别人怎样对你，你也应该怎样对人”的“黄金律”的立场出发，确定现世代所应该承担的责任与分担的补偿。美国政治学者罗尔斯（Rawls，1971）在著名的《正义论》中对世代之间利益分配的差别、储蓄与消费等社会问题在道德哲学的领域进行了深刻的分析，对20世纪后期的经济学、社会学、法学产生了巨大的影响。应该说，发达国家对世代均衡性理论的研究在一定程度上减轻了青年阶层的贫困与负担问题，同时也为“青年的消亡”铺平了经济不平等的道路，奠定了世代之间公平分配的理论前提。

第二节　青年的欠缺美学

青年是美的一种象征。人通过青年阶段对人的全面发展这一理想予以实践，用想像的方式实现“人的解放”。正是通过青年这个有着欠缺特征的载体，潜能、未完成、可能性、创造力等与人的全面发展相关的要素才能进入到人类社会的发展中去。

马克思在其早期著作中有过这样的表述：人在其具体的历史存在中，是尚未实现的“类”的人。也就是说，社会的历史形态妨碍了普遍的人类潜能或人性的发展。从19世纪末产生的青年思想和青年行动这个世纪的政治·社会现象，成为20世纪人类社会发展的重要历史动力，直到21世纪初，在发达国家社会里才开始逐渐淡化，呈现出消退的态势，也是一种社会革命思想的退潮。

所谓青年是对“青年”的一种意识；青年也是人类社会在已经获得的生产力和知识水平基础上最先显露出来的一种不可预测的潜能，一种潜在的创新与革新能力，这些潜能在社会关系的相互作用中得到实现。我们日常所说的“青年”，用现代流行语来说就是一种“被”青年，一种青年被价值化，现实中的青年被超越的认识过程。价值就是自我，实现价值也就是实现自我。在《存在与虚无》一书中，萨特指出的这是一种“不断地从自我推向自我，从反映推向反映者，从反映者推向反映”[①]，即青年从自在、自我走向自觉、自为的实践和认识过程。青年本质里的历史意义的存在，介入自己的未来，从现实的可能性与今后的自由的互动中（青春期的危机），等待对自我未来的证实。因此，原创时期的“青年”概念具有象征的神秘性质。在青年存在的历史时间的内在意识里，过去属于自在阶段，现在是进行中的自为阶段，将来通向自觉阶段。

马克思在分析人的异化现象中指出，个人一旦进入了生产和劳动过程，那么一切社会形态的、特别是资本主义形态的劳动过程考虑的就不是人的需要和能力的发展问题，而是社会的资本和生产的利益。所以，青年的特征就是这些年龄阶段的人还没有进入或者完全进入到劳动契约的社会关系中去，还暂时保持了追求人的全面发展的希望与行动的自由。青年是现在的内容受到了

① （法）萨特《存在与虚无》p114，三联书店2007年。

未来化的意图所推动。这种意图超越了现在，进入了未来的世界，超越了现实的合理性，接触了未知的偶然性。将来是青年要成为的东西，正因为青年还不是将来。青年的本质不在青年的对象之中，而是青年现象所内涵的人的全面发展的意义，是把它揭示出来的那个显现青年现象的马克思主义的原理。

青年作为一种对人的欠缺（非完美性）的超越性的价值，表现为理想人的状态，象征着人达成自觉与自为的理想的完美境界。如果说欠缺性或不完全性是人的本质的话，那么青年正是显现出人的原始潜在性的一种欠缺的美学。在想像和认识的世界里，“青年”实现了超越人性中的欠缺之美。在一定范围里，青年的本质体现了有欠缺的思想自由和有欠缺的行动自由。和所有短暂的、失落的和不可重复事物一样，青年现象也构成了一个对完美人生追求的生命意义上的最高潮。

如果借用弗洛伊德的有关俄狄浦斯现象（弑父情结）的假说[①]，以及自我为中心的青年在生物学意义上反社会倾向的理论，我们可以设定青年与社会之间始终存在着一种紧张关系，并且导致经常性、日常性的矛盾与冲突。社会如何处理青年的反抗与对青年持续不断的控制，是一切历史上的文明社会成功与失败的关键所在。弗洛伊德关于社会与个人之间的冲突理论，决定了青年在与社会的冲突中将获得发展和成长。青年在这种紧张关系中的反叛与成熟的实现，标志了与社会竞争的发展结果。而埃里克森的同一化理论，正是希望通过实现社会角色的阶段性过程，使得青年在他律的世界里相对地达到了自律（社会化），成为社会的合格成员。现代化社会用合理化的人生设计终结了青年的反抗，使被人们所熟知的青年的特征：叛逆精神、自我表现、青年文化、代际差别、理想主义等渐渐沉静下来，逐渐淡化，以至于消

① 弗洛伊德《摩西与一神教》。

失了。青年被市场经济的社会化角色分割到这样的程度，以致不再有能力维持青年的整体特征。有意识的青年人格在逐渐减少，青年群体的思想与情感集中于比较共同的与现实社会一致的方向上。

19世纪末，马克思已经明确地指出了资本主义的经济发展不是解放而是禁锢了人的人格自由。同样，现代市场的自由经济的发展也局限和消弱了青年所具有的自由的人格。青年的自我理想向社会共同理想的转化，在更好的生活环境和更方便的文化接触中，在大众文化的社会里，青年作为一种批判精神的形象严重退化了。现代青年研究的数据化的系统化，是与青年生活环境的数据化、程序化、阶段化以及社会环境的普遍数量化有着非常密切的关系；与青年的消失同步，对青年本质的研究同样被社会的需求边缘化了。

在青年研究中，与其用“自由的主体”来形容青年，不如用“有欠缺的自由主体”更能够勾勒青年的历史地位及使命。青年这种有欠缺的自由主体性质，使得青年具备革命精神和革命使命的可能。这也是中国的青年研究和西方青年研究的根本区别所在。西方青年理论主要是为了维持成人社会的稳定和安宁，从哲学理念上否定青年的革命性质，心理学、社会学则用同一化理论、角色化、发展阶段理论来塑造青年，降低青年的批判精神，最终只会消除社会中的青年现象，造成后现代社会中只有少年和成人的现状。

在中国近代革命历史中，发现青年的革命性质并使这种革命精神进入到改造中国与世界的运动中去。这是中国青年研究的开端、基础与特征所在，是中国青年研究与西方青年研究在本质上的区别。西方的青年研究主要是为了克服青年，特别是个体青年与社会的矛盾，解决青年个体在发展中的问题，将青年的欠缺只看作是一种非连续性、一种未成熟的表现，而不是人本身的、贯穿整个人类史的、人的发展的不完全性的一种连续性的传承。青年群体所具有的叛逆精神正是从有欠缺的自由主体（自我）出发，批判有欠缺的社会现实。这种批判不一定仅仅表现为破坏，也表现为未来价值的现在化、历史价值的个体化、变革价值的公共化、全球价值的地域化；表现为“梦想”、“创新”、“超越”与“希望”等“美的规律”（马克思语）。

历史学家将舍弃由近代化所带来的既成观念，更加深入历史本身，一方面，是以现代的方式重新组合历史常新的青年理论，即在面对青年的困境时，去构造青年角色的阶段性、层次性；青年心理学在青年的发展过程中否定青年的革命性质，所谓“告别革命”的理论。另一方面，逐渐从人本主义的青年学说，过渡到自然主义的青年本质论。这种自然反映了人的自在—自为的生命过程，也就是马克思指出的人是按照“内在尺度”实现自我的价值目的[①]，对青年研究来说就是“按照美的规律”（人的内在尺度）[②]，用一种有欠缺的青年美学来创造人类的未来。

第三节　青年的象征意义

青年不是一个封闭的年龄系统，而是一种思想和认识的时空。青年的范畴和它将来的关系即不是静止的，也不是给定的。青年是社会的欠缺与个人的欠缺之间的惟一的空间纽带和连续性的时间象征。

发达国家青年群体中除了众所周知的对现实社会的信仰危机外，还出现了一种被称为象征性贫困的现象，即个人欲望的衰竭、个体化的衰退、自我

①《1844年经济学哲学手稿》，《马克思恩格斯全集》42卷p97。
②《1844年经济学哲学手稿》，《马克思恩格斯全集》42卷p97。

意识的淡薄与消失[①]。而独立性、自我意识、无限的追求正是青年现象的主要特征。最近，在日本社会里出现了一种青年群体脱离消费社会的生活方式。如不想买轿车，对名牌奢侈品不感兴趣，假日里不打算海外旅行，只想在住宅的周边走走，总之，与花钱相比更重视储蓄[②]。这种活动范围的萎缩，对各种风险的逃避与早期资本主义清教徒的理性节制与禁欲主义（M.韦伯）绝不相同，只能被认为是与生产过程分离的消费领域的贫困；强调感受性、经验性，远离理性的思想领域贫困的象征。

法国的精神分析学家拉康（J. Lacan，1901 ~ 1981）在著名的《形成〈自我〉机制的镜像阶段论》（1936）一文中，提出了幼儿是从镜像这种象征中的存在里发现自我，完成自我的同一化的一种假说。在此之前，幼儿对自己身体的认识是片面的、分段式的，镜像第一次提供了自我的全体形象，有了一种整体的概念，开始认识到他者，产生了区别自我与他者的能力。拉康认为，人和动物的区别在于动物从出生起，就和周围环境相适应，在与"自然"调和中生长。而人从诞生起就存在一种"特殊的不成熟性"，即大脑的复杂性与成长中的身体的不协调，人与周围环境不相适应，与自然不协调。通过对镜像的投影，自我与自我的形象一体化、同一化的过程，对自我的存在才有了比较具体的认识。拉康认为，在镜像出现之前，人对自我不可能形成一个整体概念[③]。

镜像中的反映与被反映虽然只是一种个别的经验，却可以用现代脑科学的"感觉质"（Qualia）理论来解释。Qualia源于拉丁语的"质"一词，曾在A.阿圭纳斯（354 ~ 430）的《上帝之城》一书中被使用，用以说明时间的本

① B.斯坦古莱（1952）《象征的贫困》p12，新评论2006年。

② 山冈拓《没有欲望的青年们》，《日本经济新闻》特别策划系列2009年。

③ 拉康《ECRITS》p123，弘文堂2008年。

质与精神的统一，以及上帝存在之间的象征关系。1929年美国哲学家G.A.路易斯的著作《精神与世界秩序》中，感觉质（Qualia）被赋予现代的意义，即在日常生活中存在一种“感觉质”的体验，因而在个别的经验中（如镜像）能够认识其中带有普遍性的东西。感觉质（Qualia）是指外部的信息通过人体的感官传达到脑内，随即产生了感觉与意识。与心理学上称为“感觉”的概念非常接近。这种“质”的感觉并不是一种从量变到质变的传统认识论的过程，而是从一次体验（如镜像）直接进入到“质”的层次上思想的飞跃。现在，“感觉质”这一概念已经成为脑科学、认知科学、身心关系、自由意志等课题研究的重要方法。象征意识、主观体验等概念也比较接近感觉质（Qualia）所表现的意义，但感觉质（Qualia）在涵盖象征意识、主观体验的范畴。“感觉质”这一名词，作为脑内科学的概念成为现代社会的流行语，也为镜像的象征性理论增添了新的解释。

在中国魏晋南北朝时期的道教体系里，有关“方诸”（镜像）学说[①]，以及“方诸青童君”的神话与“青年”词汇原创时期等诸多关系可以看出，对自我身体有一个整体的印象是对人的全面发展的可能、知识与希望的基础。镜像作为一种象征性的、提供想像的道具，创造出无限可能的印象。中世纪基督教神学里，有过“在镜像中显现上帝的形象”的辩论，在讨论中做出了“在镜像中反映的并不是上帝本身，而是整个世界”的象征意义上的神学诠释。

在镜像中呈现的是一种人对内在的自我与外在的自我的认识，这种“反映与被反映”的过程形成了早期的青年理念，即超越时间与空间的束缚、永保青春的自然人的理念。青年是作为一种思想出现的，“青年”的理念是对

① 水中取月之镜称之为“方诸”《淮南子·天文训》；取于日月之精华所形成的“方诸”（镜）通向永恒的生命《抱扑子·金丹篇》。

人的全面发展的努力，是对大自然的讴歌，是力图超越时空追求永恒。因此，“青年”与“希望”成为人类语言发展过程中的并存的、褒义的、正面的词汇。人的内在希望与外在的合理性、现实生活中未完成的主体与客体以马克思主义为媒介获得统一的理论，（德）布洛赫（E. Bloch，1885～1977）在《希望的原理》（1959）一书中已经作了详尽的论述。

以自然主义和相对主义为基础的魏晋南北朝时期，道家思想里孕育了原创的青年概念，作为追求人的完美性与永恒性的象征。道家原始的镜像所反映的“方诸青童君”，是青年自我的“明了性”、“透明性”、“反映性”的象征。在古代社会，青年只是作为被反映者存在，而到了近代社会，镜像中所象征的被动型的青年开始产生了历史的主动性，成为积极地社会变革的参与者；镜像中的被动消极的、反映型的象征，转变为灯台型的主动参与的、投射型的象征[①]。青年也开始从古典的自然主义向近代的创造主义转变。众所周知，青年与人类知识的发展、信息的处理有其特殊性。现代是感性的时代，是对理性至上主义的反省的时代，现代青年的象征性质与21世纪的感性“文艺复兴”、感性消费时代有着密不可分的关系。

法国哲学家萨特曾隐隐约约地感觉到青年的象征意义与新的社会理念或信仰之间的关系，“青少年完全意识到了他的行为的神秘意义，而同时又应该完全置身于未来，以便决定他是不是正在渡过一个青春期的危机，或者以便真正介入一条虔信的道路”[②]。萨特在他那本传世之作《存在与虚无》中虽然对青年问题着墨不多，但是他指出了一个在青年研究中不断出现并反复议论的课题，那就是如果用“自在—自为”方法类型来看待青年问题，那么，

① 如法国哲学家M.H.埃普朗斯所著的《镜子与灯台》（1953年）一书中就用镜台与灯台做比喻，重点阐述了反映与被反映之间的关系。

② （法）萨特《存在与虚无》p625，三联书店2007年。

从人的自为的本性的“存在”为出发点，“我们将永远知道这样一种青年时期的体验是有益的还是不祥的，这样的青春期的危机是反复无常的还是我的未来介入的真实的预成，我们的生命的曲线将永远是确定的”[①]。这个以人的自为本性为终极价值，以人从自在通向自为，作为生命（个人与群体）必由之路的青年观，构成了萨特在1968年的学生运动中坚定地支持青年对社会的批判，肯定青年历史作用的理论基础。作为一个曾经是法国共产党党员的哲学家，萨特的青年观很显然受到了马克思的关于人的价值创造“内在尺度”理论的影响，并且发展为以“自在—自为”为方法类型的青年观。萨特虽然是存在主义的思想家，但是他的青年观应该是属于历史唯物主义的范畴。

第四节　青年的解构机制

作为青年现象消失的另一侧面，互为表里、相互依存的是青年过剩（youth bulge）现象。全球化的趋势也使得青年研究超越国家与地域的局限，在人口统计的国际范围深入研究第三世界各国青年过剩现象[②]。因为这种青年过剩现象在战争的原因等方面，是作为一种不安定因素被重视，也表现出青年对社会的解构机制。为了预测今后可能发生战争冲突的地区和国家，美国的重要智库和情报部门对中世纪以来的历史人口的变化与战争的关系，特别是青年人口与战争的关系做了比较详尽的分析[③]。这项研究对美国在20世纪90

① （法）萨特《存在与虚无》p625，三联书店2007年。

② Gunnar Heinsohn（德）G.海森（1943）SOHNE UND WELTMACHT: Terror im Aufstieg und Fall der Nationen《膨胀中的青年——从人口学分析世界未来的趋势》2008（新潮丛书）p33。

③ 如G.富勒所著《人口统计学对民族纷争的背景的分析》1995年（C.I.A）这篇论文为国家战略制定中正确使用青年研究的成果提供了很好的范例。

年代中以“文明的冲突”（亨廷顿）的理论所作的战略与外交的转变，以及2001年“9・11”以后迅速制定反恐战争的长期、持久的战略规划都起到了很重要的作用。

根据历史人口学的研究，15世纪以来欧洲人口、特别是青年人口的迅速增长的现象，是欧洲开始大航海、发现美洲大陆、殖民地活动的主要动力和人力资源，当然也推动了欧洲内部的宗教改革和文艺复兴运动。从1493～1900年的400年间，欧洲为了征服与殖民，向世界送出了累计近5000万青年。到了1900年欧洲人口为4亿6000万，占当时世界人口的1/4，20世纪初欧洲膨胀的青年人口也成为两次世界大战的重要原因。当时，墨索里尼的黑衫队，希特勒的党卫军里80%成员年龄都不到30岁。

现在，世界宗教人口增长最快的是伊斯兰教。据统计显示，自1900～2000年，伊斯兰人口从1亿5000万增长到12亿，根据这个发展速度，到2020年，伊斯兰人口很可能占世界人口的1/4。一些西方研究机构认为，这将成为国际形势的不安定要素之一，制造了宗教文明之间冲突的远因。

这项研究的主要推论将男性人口中15～29岁划为战斗年龄，称之为军备人口。并且认为青年人口迅速增长是产生社会暴力（恐怖行为、大规模集团迫害、内战等）重要原因。这项研究认为，出现社会暴力的根本原因，不只有贫富差别，宗教之间、民族之间的纷争、青年人口的过剩和膨胀以及这种青年过剩人口所产生的对社会地位的追求也是重要的要素。如果，国家政权不能够在体制上、政策上、措施上解决青年过剩人口的需求，努力吸收超越社会正常负担的青年群体，就有可能产生社会性的动乱，出现恐怖行为、集团迫害、种族纷争以至于发展为内战，导致地域社会或者国家的解体。法国哲学家巴坦尤（1933）认为在战争环境里，军队的团队精神会使青年出现一种特殊的心理状态，对各种命令都认为是“自己给自己的命令”，产生崇高的、超越自我的情感。

现在被世界注目的巴勒斯坦的加沙地区的人口，自1950～2008年从24万增加到150万，人口增长率为4%，为世界最高水平。如果日本也有这个人口增长率的话，1950年日本人口为8000万，到2008年就不是现在的1亿2700万，而将是5亿2000万人。日本的平均年龄就不是现在的44岁，而是15岁。研究显示，1950年日本的人口的年龄构成的比例与2005年处于战争状态的阿富汗的人口年龄构成的比例非常接近，说明了日本在20世纪从初叶到中期的青年过剩人口一直处于可能随时投入大规模战争的临界点。

美国的情报部门将有战斗能力的年龄层称为“军备人口”，大致规划在15～29岁青年人口数量的范围。如果这个年龄层的人数超过了总人口的30%的话，就会出现所谓青年，过剩现象。欧洲自15世纪以来，历史上由于青年过剩所引起的事件，大约有如下各例：移民、犯罪、政变、革命、内战、集团迫害、越境战争等。第一次世界大战各国军队大多由家庭成员中的第3个男孩或第4个男孩所组成。根据统计，1914年欧洲、北美洲、澳洲、新西兰等有战斗能力的白人人口比例为总人口的35%。

1450年，欧洲人口大约为500万。1500～1914年欧洲人口从6000万发展到4亿8000万。1500年欧洲的军备人口的比率大约为10%，而到了1914年这个比率上升到35%。日本的人口自1650～1850年的200年中，从2500万增加到3200万。同期欧洲的人口从1亿500万增加到2亿6500万。

信奉伊斯兰教的国家仅仅用了五代人的时间，就从1900年的1亿5000万人，增加到2000年的12亿。中国在20世纪的100年里人口也扩大了3倍，从4亿发展到12亿。印度从2亿5000万人扩大为10亿，增长了近4倍。而地球人口自

1800～2000年从15亿增加到60亿，增长了4倍。青年数量的增长，特别是第三世界、伊斯兰世界青年数量的增长，给国际社会带来了不安定，以至于破坏的影响。青年过剩人口的研究结果认为，21世纪蔓延世界各地的恐怖主义，其根源不是贫困，而是青年对社会地位的需求，对社会承认的需求。青年在得不到这种满足时，他们就会趋向暴力行为，对社会做出激烈的冲击。

从社会人口学的角度来看，主要是男性青年的过剩现象加速了社会问题的激化，形成了变革社会的"解构机制"。在世界的124个国家里，存在青年过剩现象（青年人口超过人口总数的30%）的国家有67个，其中60个国家近年都出现过动乱和内战的经历。其中，穆斯林人口的高出生率引人注目。移民是解决青年过剩人口的主要非暴力方式。土耳其在1961年青年过剩人口为2800万人，到2002年增长为6800万人。其中500万青年过剩人口通过移民方式转移到欧洲的其他国家。近代史上出现的各种意识形态，如民族主义、法西斯主义、共产主义、部族意识、环境保护主义、伊斯兰原教旨主义、印度教原理主义、基督教福音派别、反全球化运动、反犹太运动等，为青年运动的国际化和政治化创造了理论的条件，其中相当一部分是主张用非暴力的手段改造世界。

世界人口统计显示不满15岁的人口比率：中国24%（其中台湾地区21%，香港地区17%）、美国是22%、法国是18%、俄国16%、日本14%、朝鲜（韩国）22%、土耳其27%、德国15%、英国19%、巴西28%、阿根廷26%、意大利14%、加拿大18.5%、西班牙14%等，没有达到因青年过剩现象而导致社会暴力机制的出现，因此社会解构的机遇也随之减少。社会解构的几率降低并不一定全是正面因素，没有经常变革的社会会逐渐走向衰退和消亡，导致人类文明的再生能力的衰竭。

青少年人口比例较高的有：印度33%、印度尼西亚31%、巴基斯坦40%、孟加拉国34%、菲律宾37%、刚果48%、越南32%、埃及35%、伊朗32%、苏丹45%、肯尼亚42%、乌干达51%、阿富汗42%、伊拉克41%、马来西亚34%、柬埔寨41%、索马里45%等，东南亚、南亚、中东、非洲、中美洲等都有严重的青年过剩现象。因此，这些地区和国家在政治局势以及社会管理上都比较容易出现动荡不安①。

根据世界银行1997年的统计，2003年中国未满15岁男性少年儿童的人口为1亿6500万（女性为1亿5000万），占人口总数的24%，没有达到30%这个的青年过剩人口的临界点。而且，在1995年，中国的就业人口与退休人口的比例为10∶1；而到2050年这个比例将缩小为3∶1。根据这项研究的统计结果，美国的情报机构得出了在21世纪初的10年或20年之内，中国出现战争（内部动乱与对外战争）的可能性比较小的青年人口学上的结论。

第五节　青年的英雄主义

爱默生说过，“追求伟人是青年的梦想，是成年最严肃的事业”②，在19世纪末20世纪初第一次世界大战之前，青年作为一种新型的群体受到了哲学和政治学的普遍赞美。在社会科学和人文科学内，青年作为一种思想、作为一种群体的英雄性和革命性都被当做社会发展的动力，当做保守的小市民阶层对立面出现在近代历史的舞台上。近代青年现象与共产主义运动都是在同一历史时期出现的，都承担着解放人类、改造世界的历史使命。近代的青年

① 以上数据是参照C.I.A 2003; Lahmeyer 2003a; PPR 2003的统计。

② （美）R.W.爱默生《代表人物》p2，三联书店。

已经超越了单纯的代际关系，作为一种超越资产阶级、市民阶层、农民阶层，超越一切只为了目光短浅的目标生活的旧世代人的一代新人的形象，所以被称为“新青年”。近代青年的英雄气质是青年本质中最重要的特征之一，也是后现代化的发达国家的社会中最先消失的青年特征。安娜·弗洛伊德在《自我与防御》中写道：“青年们对抽象问题的辩论以及思辨行为，并不是为了解决现实生活中的课题。他们的精神活动是一种对潜在欲望的暗示；是感觉、知觉层次上敏感的反映被翻译成为抽象的思考。”由此可见，青年的革命性与其说是一种深思熟虑的结果，不如说在一定程度上是青年的英雄气质在改造世界过程中的延伸与实践。反之，青年与战争的关系，也与这种英雄气质有着不可分割的紧密关联。

青年的概念是一种对崇高的感受，是崇高的美学。崇高就是一种浩然之气（孟子）；在公元1世纪古希腊《关于崇高》一文中，崇高被认为是对超越日常生活的终极价值的精神层次（灵魂）的深入感受。近代青年的英雄气质与崇高的问题有着非常紧密的联系。青年的理念是从物的枷锁中得到解放，精神得到升华；青年化的过程是一种精神的“脱物质化”或者是“脱个体化”的过程。在青年化的过程中，青年在精神上感受到摆脱物质和个体的自由，得到了思想上的解放，达到了崇高（英雄）的境界。这种青年化的体验不受学历、认识能力、人生经验、聪明智慧的限制，在生命的临界点上俯视人生与历史，感悟自我的历史（革命）使命。对崇高的感受是青年通向自由和自觉的必由之路。

19世纪末近代日本在创作“青年”这一词汇，源于对英文Youngman的翻译。1880年，一位叫做小崎弘道的传教士从《唐诗选》“宿昔青云志，磋跎百发年”一句中取其“青云之志”的涵义，造句而成。胸怀青云之志的

“青年”从诞生之日起，就带有叱咤风云的英雄气概。青年的概念、青年组织、青年政治与日本现代化进程，以及近代国家的建立有着不可分割的紧密关系。曾经作为民间的“青年团”也开始成为连接国民义务教育与军事教育的政府，成为对青年进行教育与训练的机关。和学校教育制度相结合形成了“青年训练所”、“青年学校”等有组织的青年政治团体，实现了义务教育、青年教育、军队教育的一体化。在甲午战争、日俄战争、中日战争、第二次世界大战中，日本青年的英雄主义被有组织地误导至战争行为中，“青年”一词增添了浓重的国家主义色彩。

到了20世纪90年代以后，发达国家“青年”的衰退，“青年”的消失成为被社会注目的现象。根据《朝日新闻》的数据统计，自1984~2001年“若者”、“青年”、“青少年”这三个名词在报纸上出现的频率有所上升，但其中“青年”一词则相对减少。只表示年龄的差别，不关心社会变革，自我中心、安分守己，带有中性色彩的“若者”概念，越来越代替了带有英雄主义色彩的“青年”理念。

巴克（E.Barke，1729~1797）在《崇高与美的观念的起源》（1757年）中认为崇高的体验源于对“苦难”和“恐怖”的感受，是以对痛苦的感觉为基础的。康德《判断力批判》（1790年）则重视“理性”与“觉悟”对产生崇高的经验的影响力。而稍后出现的近代青年的崇高性是源于对现实世界的“改造”和对社会革命的激情；是源于对人的解放与自由的希望。而21世纪初期的发达国家的保守主义，呈现出一种非历史化的倾向，它表现在贬低青年的革命角色，强调传统文化、自我中心，并不提倡英雄主义。

E.H.埃里克森（1920~1994）在研究马丁·路德的青年时期认为：“在思春期与成人期之间的阶段中，传统的资源和新的人的内在资源融为一体，创造出新的潜在的可能。新型的个人组成了新的世代，在这个基础上有可能创造出新的人类的历史时代。”[①]确定了将个人的研究、世代的研究以及历史时代的研究统合为一体的青年研究的方法论，进而解释世界观与价值观的产生与发展，以及青年对社会意识形态的影响。埃里克森认为，传统也罢、制度也罢，社会作为外在的现实存在向青年提供的不仅有善的一面，也有恶的一面。必须整体性的认识人生发展的全过程，研究青年期时不能够忽略幼年期和成年期，人类历史的过去与未来。因此，埃里克森通过马丁·路德——一个伟大的青年，一个宗教改革的英雄有关宗教危机的心理学上的历史研究，解释自我心理与社会心理发展的规律。青年的英雄气质与革命精神这两股潮流都有一个共同倾向，那就是源于人的解放和自由。在新的世界观中，作为自然的青年成了负责的、自主的、推动历史发展的力量。改造中国与世界的使命是一种超越自我的崇高价值，是表现青年英雄主义最为理想的形态。

结　语

对青年的现实性和青年的本质性的认识的历史过程决定了“青年”概念的诞生与发展。在中国历史上从春秋战国时代的《韩非子》出现“少年”一词起，直至清末民初梁启超的《少年中国说》，大约在3000年的漫长岁月里有关政事的史书记载中都是以“少年”的概念表现青年的现实性。而原创于公元5～6世纪魏晋南北朝时期的“青年”的概念则是表现人的全体性、理想性、本质性的特征。由于在封建社会的经济和政治对人的束缚，所以“青

① E.H.埃里克森《青年路德》2002年三蔦书房（msz）。

年”的理念除了在诗词等艺术领域偶尔出现以外，始终得不到充分生长的自由空间。直到近代，“青年”的概念与青年的革命性质在国家的近代化、社会的现代化里的历史使命结合起来，使得青年的本质性、公共性超越了青年的现实性，或者说是青年的本质性与现实性合为一体，构成了近现代的青年现象与特征，也形成了现代的青年理论（如青年心理学、青年人口学等），以及作为社会意识形态的青年观。

英国历史学家柯林武德说过，“所谓历史就是人对历史认识的过程，就是人对生命的理解的过程，是人的心灵的发展过程”[①]。从这个意义上说，作为思想的青年观念的发展与人类文明史的发展构成了一种命运共同体。只要个人从自在向自为的发展、人类从自然向自由的进步不停止的话，作为这种发展与进步的象征——“青年”就不会消失。无论是作为主体的青年，还是作为客体的青年；是作为思想的青年，还是作为象征的青年；是作为社会解构机制的青年，还是作为时代先锋的青年都不会消失，因为这是历史必然性的逻辑。

马克思认为只有人的解放才是人的最原本的可能性。对人的解放的希望和实践导致了人的精神世界的发展——即对“青年”意义与价值的认识。对青年的意识是人的自我意识产生的基础之一。青年通过间接性、媒介性、代理性等社会过度期，逐渐具备了内在化、概念化、抽象化的能力，人通过青年自己创造了自我本身。青年是一种自在—自为的思想，一种对宇宙（自然）规律的认识，一种社会进步的意识形态。“青年”的理念即是自在的，也是自为的；“青年”的概念具有自在与自为两性共有的特征。从这一历史必然性导出的历史唯物主义青年观出发，对青年的研究与青年自身的实践，将使马克思主义关于“人的解放”的理想从理论变为现实。

① （英）柯林武德《历史的观念》商务印书馆。

第七章

青年与公共幸福

——儒学的民众化与青年现象形成

引　言

中国的制度社会与民间社会的两重世界提供了培育公共幸福这一社会正义思想的土壤。儒学的民众化加速了作为古代知识分子“士”——近代的知识分子、近现代的“青年”的形成，标志着在中国历史上人的发展中的三个重要的历史阶段，以及人对社会正义和公共幸福的自觉的提高与飞跃。从古代和中世的“士”到近代青年现象的出现，应该是一个历史的延续和传承，是社会公共性在多元时间中的扩展和推进。因此，理解儒学民众化的发展，是认识青年现象的一个很重要的环节。对传统文化的研究，不仅需要批判和解构，更需要一种诠释与重建，需要超越时代与传统对话和创新，从历史意义中发现我们今天的存在意义，只有全面深入的探讨，才能把传统的资源充分展现出来。

第一节　一切真历史都是现代史

我们生活在传统之中，传统是我们的一部分，作为未来社会主体的青年是从过去、现在而来。研究历史是一种在多元时间内的精神活动，而思想文化史中精神活动永远是现在进行时，并且面向未来。贝内德托·克罗齐（1866～1952）在《历史学的理论和历史》中说："一切真历史都是现代史。""当生活的发展逐渐需要时，死历史就会复活，过去史就变成现在的。罗马人和希腊人躺在墓穴中，直到文艺复兴时欧洲精神重新成熟，才把他们唤醒。"

克罗齐认为历史是一种思想的产物，只有被思考的历史现象才能成为有生命的事物。如果以此为研究的前提，就可以发现不仅我们的思想是当前的，而且历史也只存在于我们的当前；没有当前的生命就没有过去的历史可言。如"青年"是近代以来的概念，但是它和"士"即古代、近世知识分子的意识形态，和近代知识分子、特别是民众发展史是联系在一起的。重视对将来进行时的"青年"时态的研究，是因为近现代青年现象的历史过程，是一种现代人对社会意义和人生价值认同的过程，是如何连接和超越过去的传统文化，以及如何认识和争取未来幸福的过程；因此，公共幸福虽然是作为一个后现代化的理念出现，但是在此之前的整个儒学的历史都贯穿着对公共幸福的理解与实践。

恩格斯认为理想的社会应该是"创造建立在纯人类道德生活关系基础上的新世界"。中国历史上的儒学民众化在一定程度上反映了这种特征，提倡人作为一个自觉反省的主体，应当掌握自己的命运，是把历史和思想活动本身等同起来，将生活世界与心性世界连贯起来，使社会的公共领域与人生的幸福理念得以重合的过程。而且，这种政治思想民众化的过程在进入了20世纪以后，在制度社会，社会公共性的职能是由政党来担任；在民间社会，社会公共性的角色就很快从知识分子群体转向青年共同体。在中国的近现代史上，这样的社会公共性与青年的关系显得更为突出。从1919年的“五四运动”到1935年的“一二九运动”，仅仅经过了短短的16年的岁月，青年现象从在政治舞台上开始出现就已经形成为有政治理想的青年共同体，开展了具有国际影响的政治运动，逐渐成为民间社会的社会正义和公共性的代表阶层。列宁在《共青团的任务》中指出：“何谓共产主义者？共产主义者就是拉丁语中communis‘公共’的意思。”[①]共产主义（Communism）的语源common就有“公有的”、“共同的”、“公共的”等意思在内。正是因为代表这种社会公共性，中国青年运动转向新民主主义，其中青年运动的中坚力量所组成的共产主义青年团就是一种历史的必然了。

第二节　社会正义与公共幸福

与西方社会对“自由”价值的崇拜相比较，历史上中国社会更崇尚公共幸福的普世价值。宗教、哲学从根本上来说，都是要解决“此世”与“彼世”的两重世界的问题。分疏到具体，就有理性与神秘，凡俗与神圣，超越与内在等概念的出现。对事物的两重性的认识，是哲学和宗教的开始，因此

① 《列宁选集》第四卷p294，人民出版社1995年。

“公共”这个概念也是针对现实政治、经济、文化社会所存在的“公”与“私”这个两重性问题意识而提出的。所谓“公共幸福”的概念应该有包含这样两重性在内的含义。早在13世纪编著的《朱子语类·卷52》中对“公共”作了非常明确的定义，“道则是物我公共自然之理”。指出了公共是自我与他者的一种统一，这种物我公共的自然之理就是通向真理、实践真理的道路。所以，公共幸福是自我与他者共同的幸福，并且把这种幸福通向将来世代。

“公共”是一个不容易把握的概念，“幸福”的概念也是一样。司马迁的《史记·卷102》有“法者，天子所与天下公共也”的记载，认为法律对朝廷和民间应该是平等的，天下运用法律应该是同等轻重，不能有差别。这是一个非常重要的文献[①]，因为在2000年前它已经提到了“天下”、“公共”、“天子”、“民”、“法”等概念，指出了“法”是天下公共。这个天下包括“天子”，即制度社会和“民”即民间社会在内，而“法”的公平对“天子”和“平民”都必须是一样的。“公共”作为一种有指向性的社会正义，是超越于制度社会和民间社会之上的，是对各个社会阶级、阶层，以及多元社会的一种平衡，对生命存在的一种平衡。因此，公共幸福应该是自我与他者，各个不同阶层人们或者各个国家的共同的幸福。幸福不应该只是特权阶层的享用品，因为，幸福与法律一样具有“天下公共”的性质，也是一种具有指向性的社会正义和公共性。

① 《史记·卷102》之《张释之冯唐列传第42》：“顷之，上行出中渭桥，有一人从桥下走出，乘舆马惊。于是使骑捕，属之廷尉。释之治问。曰：县人来，闻跸，匿于桥下。久之，以为行已过，即出，见乘舆车骑，即走耳。廷尉奏当，一人犯跸，当罚金。文帝怒曰：此人亲惊吾马，吾马赖柔和，令他马，固不败伤我乎？而廷尉乃当之罚金！释之曰：法者，天子所与天下公共也。今法如此而更重之，是法不信民也。且方其时，上使立诛之则已。今既下廷尉，廷尉，天下之平也，一倾而天下用法皆为轻重，民安所措其手足？唯陛下察之。良久，上曰：廷尉当是也。”

没有社会正义就没有公共幸福。所以中国古代的文献都将“福”作为天，或鬼神所能给予的，如《周易》中多用“受福”、“受其福”；《诗经》中多用“降福”、“降福无疆”；《国语》中有“民和而后神降之福”、“神弗福也”等（鲁语上）。因此，“幸福”从一开始就具有“公共”的性质，如《庄子》中所说“严乎国之有君，其无私德；繇繇乎若祭之有社，其无私福”（秋水第17）。否认存在所谓的“私福”，提倡“平为福”（盗跖第29），因为只有具备了社会公平才能够导致全社会的幸福。

孟子（公元前372～289）喜欢用《诗经》中的“永言配命，自求多福”一句，在《孟子》一书中多处可见。诗句的意思是说，幸福是与天命、命运联系在一起的，因此，“福”就如“命”一样，可以祈求，期望，等待，但不是一种作为。反之，如果不顾天命，人为地去制作“福”，结果一定是“作威作福”、“作福作灾”（商书·盘庚）。所以古人一直主张“惟辟作福”（周书·洪范），提倡“承天之庆，受福无疆”（仪礼·士冠礼第一），强调了幸福与天命的关系，由于这一普遍公平性的道理，所以幸福具备社会性，只可能是公共性质的。

墨子（公元前470～390）认为：“爱人利人者，天必福之。”“昔之圣王禹、汤、文、武兼爱天下百姓，率以尊天事鬼，其利人多，故天福之，使立为天子，天下诸侯皆宾事之”、“爱人利人以得福者”（亲士第一）。非常明确地将幸福与他者联系在一起，“爱人利人”是获得幸福的先决条件。自我的幸福是建立在“爱人利人”的前提之下，在佛经中又称之为“布施”，是获得“福德”的前提（金刚经·第八）。因此，无论是“公共”还是“幸福”，都是由自我和他者的二元组成的，二元性、多元性的存在，是公共幸福的前提，而民间社会最具备这种多元性。

马克思说："人对自身的任何关系，只有通过人对其他人的关系才得到实现和表现"（1844年经济学哲学手稿）。在一元化的世界里，如单一的制度化社会里，一个缺乏他者存在的世界里，也就没有"公共"存在的必要，而多元化世界又是幸福的条件之一。多元化的世界里，才会出现多样的选择，选择的多样化是人的自由意志产生的前提。儒家的民众化的趋势，正是对这种社会的多元性质认识的结果，是从一元化的制度社会开始适应这种多重社会结构和多元价值观的社会变化。

宋代以后的儒家则将"王道"从"君道"转为"民道"，如张载（1020～1077）提倡"为天地立心，为生民立命"，"民吾同胞，物为与也"（西铭）。将政治运作的重点落实到了民间，放在重建基层宗法社会及礼制上。在地方上"正经界、分宅里、立敛法、广储蓄、兴学校、成礼俗、救灾恤患、敦本抑来"（张载）。着力于地方宗族社会和经济社会秩序的建立。朱熹（1130～1200）所著的《家礼》、《祭礼》、《礼书》；王阳明（1472～1528）的《南赣乡约》，湛若水（1468～1560）的《沙堤乡约》等都在社会上得到了广泛的流传和实施。

随着民间社会自治能力的加强，民间社会对制度社会的独立性也在逐渐增加，儒家学说民众化的趋势在宋明时期渐渐地有了显著的发展。"为天地立心，为生民立命，为往圣继绝学，为万世开太平"的公共幸福理念，已经成为儒学的世界观、普世价值与终极追求。这种普世价值不仅影响了中国知识分子世界观的形成，而且也是青年的社会正义和公共性的基础，并且影响到和谐社会的理论与实践。

第三节　制度社会与民间社会

中国历史上的公共领域，是和中国社会的两重性质相联系的。历史上，中国社会一直存在着政治社会和民间社会这两个相辅相成的、相对独立的两重世界。如何解释和运作这两个世界，是春秋战国以来，诸子百家想要解决的课题，与其他学说和宗教相比，儒学则是在政治制度和道德伦理上，对两个世界保持着比较完美的平衡。

儒家自孔子以来，荀子一派，韩非子的法家，汉代的董仲舒都比较重视政治制度和国家体制的建设，因此被称之为政治儒学。而孟子一派，则重视民间社会的组织和运作；特别是继承了孟子传统的朱子学、阳明学在对以政治制度为主要对象的政治儒学清算以后，就将主要的注意力放在民间社会上，比较具有公共性质。狭义的公共领域应该是这两重性的中间，即国家政权与民间社会的交汇之处，而广义的公共领域应该包容国家政权和民间社会，或者被称之为“天下”。因此，有作为媒介的公共，也有作为天下的公共。而公共幸福，除了有媒介公共的一面外，更加接近于天下的公共，或者可以通俗的称之为“天下为公”。

只要中国社会还存在着两重性质，儒学中的孟子一派，就是属于重视民众社会的公共性质的学派，“民为贵，社稷次之，君为轻”（孟子·尽心下）就是为了说明民间社会是主导整个社会安定和发展的最重要的力量，其次才是国家政权，和以上二者相比，君主的政治势力是最轻微的。这里的“贵”的价值判断，应该是指所拥有的社会公共性。在《左传·卷一》中也有“民和而神降之福”、“今民各有心，而鬼神乏主，君虽独丰，其何福之有”的论述，将幸福的概念和民众的和平、团结联系在一起，指出了如果民心不安定，即使君王独自占有大量的财富，也没有任何幸福可言。这种将幸福和民众结合在一起的观点，应该是中国古代公共幸福概念的雏形。

在中国，民间社会的力量始终超过国家政治势力，在古代社会是如此，在现代社会仍然是如此。古代中国官吏人数很少，几十个官吏来管理几十万人的地域是常有的事，社会控制主要还是靠意识形态、风俗习惯、道德教养等软力量。17世纪法国的知识分子对中国的权力构造做了分析，认为与欧洲社会中君主与民众的关系是一种征服者与被征者、主人与奴隶的关系不同，中国的君主的自由度很小，而且对民众并没有充分的自信和优越感，反之，君主经常在反省自己的统治权力的资格，警惕自我的傲慢行径。①

如何使得民众能够稳定，民间社会的公共性能够配合国家政权的意志，应该是儒学要解决的主要课题。孟子说“人有恒言，皆曰天下国家。天下之本在国，国之本在家，家之本在身”（孟子·卷七离娄上）也是将个人与家庭的地位放在国家之上。春秋战国时期，百花齐放，百家争鸣，而到了汉武帝以后，却出现了独尊儒术的局面，特别是从11世纪以后，宋明两代，李氏朝鲜、德川幕府都出现了对继承了思孟一派思想的朱子学派重视，并不是没有理由的。一方面，人们会认为朱子学是一种加强和巩固王权的意识形态，是压抑人性的假道学，但在另一方面，朱子学却是始终将民间社会的地位放在政治社会或制度社会之上的，而16～17世纪的阳明学正是在朱子学之上的一种发展。从本质上说，阳明学和朱子学是一脉相承，都继承了孟子“民贵君轻”、“德治天下”思想的道统。可以说，朱子学对中国民间社会自治化的发展起了很重要的作用，而且在一定程度上，限制了国家机能对民间社会的控制。

① 后藤末雄《中国思想西渐法兰西》二，第三篇三、平凡社。

中国近代国家遇到问题时，经常可以看到“一盘散沙”这个形容词。也就是说，国家组织形式不能够支配中国的民间社会，即使是近代国家组织也做不到。如果不能像《大学》中所规定的最后达到“平天下”这个目标的话，那么，即使能够治理国家，也不能够稳定民间社会。所谓“平天下”，应该是全社会的公共领域和公共权力得到充分的展开。

作为制度社会的国家和民间社会（又称之为江湖）加起来，被称之为“天下”。中国历代的改朝换代，如汉朝、隋唐、宋朝、明朝、清朝等，都是和前朝的农民起义或地方起义相关。现代中国革命中农村包围城市的战略，抗日战争中持久战的战略，应该都是两重性世界存在的结果。而且，中国的民间社会是有着与制度社会相近的天道和公理，所以，在国家存亡的时刻，民间社会有可能崛起“替天行道”，取代制度社会的职能，保家卫国，改朝换代，实现社会改革与革命。

中国的民间社会始终有着自己独立的伦理道德和存在价值，所谓“圣人无心，以百姓心为心”（老子）。明末的李卓吾说过“穿衣吃饭即是人伦物理”（焚书·卷1）；明末清初的王夫之也说过“人欲大公即天理至正”（四书训义·卷3）等，这些应该看作是民间社会对公共幸福的认识。而且，儒家的政治哲学也有了变化，如朱子学的“理”就是“本来的秩序观念”，强调“天理”的绝对存在，在一定程度上说明了民间社会的重要性。通过天理的内在化，成为民间社会的规范意识。顾炎武有“天下兴亡，匹夫有责”（日知录·卷13）的名言，就是对民间社会的自觉和自治的表现。

在中国社会里，公共领域，或者公共幸福，即不是政治社会、政治权力所能够代表和决定的，也不完全是民间社会，或个人的私领域。从中国的政治文化和社会文明的传承来说，所谓公共领域就是“天下”；朱子将其称之为“天下公共”（朱子语类·卷53）。因此，在中国传统文化中，公共幸福这个概念一般被称之为“天下为公”。康有为称，天下的公，就是一种平等公共（礼运注）。日本学者沟口雄三（1932～2010）注意到中国儒教伦理在乡村共同体关系上的历史发展，他认为从早期儒学的“仁”的概念转向“公”的领域；从去人欲的天理到存人欲的天理，过渡到分理与公理，进而发展到平等公共的理念，是儒学在社会共同体的课题上逐渐民众化过程中的一个重要表征。

朱子学从政治儒学所崇尚的“法”，也就是一种自上而下进行管理的政治制度，转为心性儒学所尊崇的“理”，一种自主、自觉的道德共同体。通过“乡约”①、村落、宗族、家族等自治体，用道德伦理的网络来构筑民间社会和乡村秩序。这种“乡约民主”，完全不同于西方通过选举的代议式民主制度，而是一种直接参与式的民主。天道和公理是民间社会自治的思想和组织基础。这是一种社会正义感，一种关于正义的价值观，用“江湖”上的话来说，这就是“聚义”，一种正义和道德的集合体。因此，民间社会的自治与横向的管理就是这种道德和正义的集合体。这种“乡约民主”在一定程度上接近于1842年《莱茵报》时期马克思所说的：“相互教育的自由人的联合体”。

① 乡约是邻里乡人互相劝勉、相互教育、共同遵守，以相互协助救济为目的的一种制度。通过乡民受约、自约和互约来保障乡土社会成员的共同生活和共同进步。中国最早的成文乡里自治制度，是北宋学者吕大钧、吕大临兄弟于北宋神宗熙宁九年（1076年）制定的《吕氏乡约》（原名蓝田公约）。这个乡约的宗旨是“德业相劝，过失相规，礼俗相交，患难相恤”。朱熹在这个乡约基础上，编写了《增损吕氏乡约》。到了明代，朝廷大力提倡和推广乡约，其中以王阳明在1518年制定的《南赣乡约》影响最广。《南赣乡约》是民众自治的乡村组织，以乡约、保甲、社学、社仓为整体性的乡里自治体系。

第四节　青年共同体与民间社会的关系

青年问题的复杂性在于，青年共同体属于民间社会，但它对公共性和社会正义的追求，直接影响到社会制度和政治。中国民间社会的传统思想，以及民众化了的儒学思想，仍然是青年思想意识的基础。西方现代民主选举的思想对个人自由价值观的影响还是停留在表层，而对社会正义和社会公共性以及公共幸福的追求，对“一切人的自由发展”《共产党宣言》应该是当代中国青年的最高理想。

与佛教、道教在民间社会的影响力相比，儒学的特点就在于更能够将民间力量转化为政治力量，或者转化为一种社会秩序，形成为以家庭和家族为主体的社会组织，也就是对社会共同体的建设。儒学对共同体的理论与实践的关注，影响到古代知识分子“士”的形成，影响到近现代知识分子的形成，也影响了青年共同体的形成，这是因为儒学所期待的社会共同体的特点不是权力和力量，而是社会正义和公共性。因此，它不仅要求在制度社会中构成公共意识，也需要在民间社会里形成体现公共性的群体力量。

佛教和道教在民间社会的影响力，主要还是集中在个人身上，个人的世界观的形成上。这种宗教影响力有可能形成政治势力与冲击，但是，在中国社会里难以形成相对稳定的社会秩序和社会组织。更重要的是，佛教、道教是对此岸与彼岸，现世与来世两重世界分离的解释，在现世之外，创造一个神圣的世界，鼓励人从现世中解脱。而儒学则将对世界的改造、对两重世界的结合、对民间社会的建设作为追求至善的方式。

马克思曾指出，国家教育的重要任务就是使得每一个社会成员“把个人的目的变成大家的目的，把粗野的本能变成道德的意向，把天然的独立性变成精神的自由。[①]”这种道德生活趋向在中国，主要反映在民间社会。中国民间社会又称之为“江湖”。江湖这个名词完全是对应“政府”、“政权”、“朝廷”、“国家”的对等的称谓，如范仲淹在《岳阳楼记》中写道：“居庙堂之高则忧其君，处江湖之远则忧其民。”“江湖”不是完全无序的，而是在无视国家的法律与秩序之下，有着自己的行为准则和道德规范。

今天对“复杂系统”的研究，就是针对两个或两个以上系统的存在和运行。中国文明应该是两个系统的运作的结果，是一个大系统和一个小系统的运作，作为大系统的民间社会围绕着小系统的政治社会运行。一旦政治社会的力量减弱了，民间社会就会脱离政治核心，另外形成新的政治势力。所谓政治儒学，就是以国家、政治社会和政治权力为课题的，和法家有许多共同之处；而心性儒学应该是以民众，民间社会、民间组织为基本目标。朱子学、阳明学并不是不关心政治社会的建树，但是，他们把更多的关心放在民众身上，因为比之政治精英集团，民众是更为重要的政治力量。新儒家在一定的程度上了解中国社会两重性，与强调国家政权的政治儒学和法家相比，新儒家更重视民间社会的自组织和教育，重视家庭、家族、宗族、村落等地方的自治、自立，并不突出国家的政治集权或皇帝的高度集权。

这 点在韩国的朱子学者李退溪（1501 ~ 1570）的《圣学十图》的内容上可以看到一个道德人格形成的全过程，而不是政治权力或政治人格的形成。道德高于政治，是民间社会高于国家机器的一种明显标志。因为，至少在中世纪和近世，民间社会是不可能被政治势力支配的，只能够让其自治和自立。而这种自治和自立只能够在道德——一种自觉和自律，或者在相互监督和关心下才能够完成。同处东亚地域，发展水平相近的韩国社会构成与近世

① 《马克思恩格斯全集》第一卷p217，人民出版社1995年。

中国社会有许多相似之处。

从11世纪起，儒学就开始了民众化的进程，开始渗入到民众的日常生活之中。从少数的君子、士大夫、乡绅的文化专利和精神特权，转为普通民众、农民、商人、工匠。在民间的无政府主义的环境下，不是用制度的分工和阶层来集合力量，也不是用教育的客观标准和一元化系列来凝聚人们的意志和认知。和政治社会不同，民间社会的理性化通向松散的自治，通过伦理道德这样比较弱化的自我约束，通过家庭，家族，宗族，村落，市镇来完成一种无政府主义意义上的社会秩序。并且，这种自治的秩序可以和政治制度相互协调，互补互动。当然，现代化就是制度化，分层化，分工化，阶层化，法律化，就是取消一切朦胧、不清晰的领域。从这个意义上说，现代化不仅是知识分子的对头，也是“青年”的对头，随着现代化的进程，民间领域将逐渐消融，作为民间社会与政治社会交汇点的“青年”也将随之逐渐淡化，其公共性逐渐消退，被社会角色化、规范化，恢复到只有生理年龄界定“年轻人”的历史地位。从公共性的定义上来看，生理上的年轻不等同于就是“青年”。

人的存在是动态的，不会在任何时空中停止。人的发展，是一个人展现自己潜能的过程。古代知识分子“士”，近代的知识分子，近现代的“青年”的形成，都标志着人的发展中的每一个重要历史阶段，即人对社会正义和公共幸福的自觉的提高与飞跃。从“士”到青年现象的出现，应该是一个历史的连续性，是社会公共性的扩展和推进。青年现象意味着社会从对少数精英的培养，开始超越成人世界的范围，逐渐地转移到对年轻人群体的培养；将少数人的政治意志、政治活动，转换为大多数人的政治意志和政治活动。在农业社会中，只有“志士仁人”所能够理解的意义和承担的责任，到了近代社会，就有了青年群体来理解和承担。这应该是朱子学、阳明学到近代在中国的发展，通过青年共同体的自治和自立，达到对社会有所作为。无论有多少政治势力影响其中，无论在组织上达到了高度的严密程度，但都不可能动摇青年自治和自立的根本。这可能就是“性即理”、“心即理”所内涵的公共性传统所沉淀下的儒家文化的影响。

青年共同体不仅是属于民间社会的一部分，构成了民间社会最有活力的群体，而且是最显著的社会政治力量之一。青年这个概念属于公共领域，是中国社会两重性的代表和体现。对青年的困惑，实际上是没有认识青年在民间社会的存在，具有一定的自组织能力，以及具备相对独立的价值观，对现实生活里所存在的政治社会和民间社会这样的两重性质缺乏理解。当政治社会将青年群体纳入体制内以后，就会形成巨大的军事力量，或者改造社会的政治力量。这是自18世纪末法国大革命开始，历经19世纪、20世纪，已经成为近代和现代社会的政治常识。青年有政治制度的一面，也有反社会制度的一面，无论青年群体站在哪一方面，特别是产生青年运动时，都能够体现出它所代表的公共性质，都会被社会舆论当做公共行为。青年—主要是受过教育的青年，比较容易成为民间社会具有理性和理想性质的代表，形成为一种引发社会革新或变革的政治力量。

如果借用余英时在阐述新儒家“彼世”与“此世”的表述：儒学中经常用不同的语言来表示这两个世界：以宇宙论而言，是“理”与“气”；以存有论而言，是“形而上”与“形而下”；在人文界是“理”与“事”；在价值论而言，是“天理”与“人欲”[①]。显然，这样的论述同样可以用在对中国社会存在民间社会和政治社会的两重性的分析上。理论的两重性代表着现

① 余英时《士与中国文化》p487，上海人民出版社1996年。

实社会的两重性，这种两重性是相互交融的，又具有相对的独立性。表面上看，政治社会的力量是显著的，但是，民间社会的潜在性力量更为广大、深远、不可战胜。在农业社会，这样的民间社会力量是以农民为代表，在工业社会则是工人阶级和消费者群体。

第五节 “志”的青年性、指向性与公共性

“青年”的特征，重要的不是生理年龄的阶段性，而是正义性和公共性，这种正义性和公共性在中国古代思想史上，又被称之为“志”。日本近代思想家新渡户稻造（1862～1933）对“青年”这个概念的意义做了分析，认为青年的特征是对未来抱有远大的希望，具有积极向上的精神。只要有这样的精神，哪怕到了30岁、60岁仍然还能够被称为“青年”；而没有理想，哪怕他的生理年龄再年轻，也只能被看做是垂暮之人①。这种理想与希望只能是正义的和公共的，是“立天下之正位，行天下之大道”（孟子·滕文公下），正义性与公共性是“立志”的前提。

朱熹说：“看“志”字最要紧”。“志学，便是一个骨子。后来许多节目，只就这上进工夫”（朱子语类·卷23）。“志”代表着一种健全的“个人”的出现，或者说是一种具有历史指向性的“个人”的出现。“志”是人的主体化，通过“志”的实践，加速了自然人向社会人的转变。由于孔子说过“十五志于学”（论语·为政），孟子也说“得志，与民由之”（孟子·滕文公下），所以“立志”又是和青少年的主体化和人格发展上，以及

① 新渡户稻造《修养》p40，Tachibana出版社2012年。

民众化有着紧密的关联。

中国社会的两重性质同样也体现在在教育上，一种是中央的国子监为中心的全国各个府州县的官制学校的完备，一般的知识分子则以书院为场所开展活动；另一种是以民众的子女为对象的各种义学、义塾、社塾、家塾等乡学活动，还有乡约等自主的道德教化活动①。特别在15世纪以后明清时期，儒学的民众化使得“志”从知识分子、官僚、士大夫的专属，转变为一般民众的自觉。王阳明说：“古者四民异业而同道。”就是说明这种主体观念（道）已经普及到了民众阶层。通过儒学的理念，民众从对象化的社会客体逐渐成为政治、道德的承担者，成为社会的主体，形成了以“人”为主体的、新的社会共同体——“天民”②。进入20世纪，这个新的共同体更发展为“人民”。

青年是中国近代和现代社会中最有作为的社会共同体，青年公共意识的形成，或者说“志”的形成（志，意也。《说文》），关系到将来世代的幸福，因此，也和公共幸福有关。《左传·襄公27年》有：“志以发言，言以出信，信以立志，参以定之。”对“志”与“立志”的关系，从内在的意识出发，通过语言达成一种信念，从信念转为实现内在的意识行动。因此，“志”在中国传统文化里，相当于西方文化中的“自由意志”。这种自由意志是一种对社会参与的渴望，如孟子所说：“古之人，得志，泽加于民；不得志，修身见于世。穷则独善其身，达则兼善天下”（孟子·尽心下）。可见，“志”是一种社会参与的自由意识，是一种对他者的关怀，是一种有所

① 如《明儒学案·卷32》陶匠韩贞“以化俗为任，随机指点农工商贾，从之游者千余。秋成农隙，则聚徒谈学，一村毕，又之一村”。

② “伊尹曰：……天之生斯民也，使先知觉后知，使先觉觉后觉；予，天民之先觉者也，予将以此道觉此民也。思天下之民，匹夫匹妇有不与被尧、舜之泽者，若己推而内之沟中；其自任以天下之重也。”《孟子·万章下》

作为。

马克思在他的著作中反复强调，一个仅仅以生存为目的的人，是一个被异化了的人，而人的全面发展，才是人的存在的历史目的。孔子也认为，“鸟兽不可与同群，吾非斯人之徒与而谁与？天下有道，丘不与易也”（论语·微子）。在孔子的时代就已经开始强调要作一个摆脱了动物性的人，作一个称得上人这个称号的人，作一个对天下的发展有作为的人。因此，人的自由意志，或者“立志”主要是对社会的改造，将社会改造成有利于摆脱异化，有利于人的全面发展。由此，“志”的范畴涵括了政治社会和民间社会，在制度社会和自治社会两个不同的领域，在独善其身和兼济天下之间，都能够对人的成长和发展起到积极的作用。

“志”是一种意义，一种自由意志，一种对价值观的认同，一种参与社会的决心，是一种有所作为。“志”与人的成长和发展有着密切的关系，当然和人的幸福，以及公共幸福密切相关。在日本江户幕府的末期，“志士”的概念属于江湖，是一种草莽势力。当时著名的知识分子如吉田松阴等都提倡“草莽崛起”，民间的志士就成为明治维新的重要势力之一。由此可见，“志”主要还是民间人士对社会参与的一种意志，要求青年立志，正是通过社会参与的意志和参与社会的实践，完成人的成长过程中最重要的阶段。所以，朱子认为：“志是公然主张要做的事，意是私地潜行间发处”（朱子语类·性理2）。阐述了立志与意志之间的内在和外在关系。

朱子认为“志”是意识的一种方向性，指向性，所谓“志者，心之所之”（朱子语类·性理2），如同阳光所到之处，就表明和确定了时间。刘宗周也说：“心所之曰志，如志道，志学，皆言必为圣贤的心，仍以主宰言也。”（明儒学案·卷62）代表人的本质的“心”是人的行为的主宰，而代表人的自由意志的“志”是人的本质的价值取向。儒家的成人之道，从自我经过家庭，社会，国家，世界以致无限的宇宙，达到“天人合一”的境界。在这个过程中，立志显然是最为关键的一环，在这个节点上，人们能够体会最高人格形态的观念，即善的观念和美的观念。因此，儒家思想是超越人本主义的，到达宇宙层次的哲学。所以，虽然生存环境和生产环境发生了巨大的变化，但是从人格层面上说，现代人格和古代人格在本质上是没有区别的。

因此，无论是朱熹，还是王阳明都将“立志”与“做圣人”联系起来，用现代语言说，就是要做全面发展的人，有益于社会的人。朱熹说：“学者大要立志。所谓志者，不道将这些意气去盖他人，只是直截要学尧舜。‘孟子道性善，言必称尧舜’此是真实道理。”“学者大要立志，便是要做圣人。”（朱子语类·卷第八）强调了学者的行为指向和目的指向是“圣人”，而“立志”的主要方向就是成为圣人——一个全面发展的人，一个有益于社会的人。“尧舜”是否在历史上存在，言行是否完美并不重要，他们只不过是一种象征，一种理想的标志而已。“志”是选择做一个全面发展的人的自由意志，表现了人的主观性和实践性，对自我的存在，自我的本质，以及人的社会性的认识，对人的异化过程的抗争。因此，“志”不仅是人的一种选择正义的自由意志，也是人的一种承担社会责任的决心，并且确信这种公共性的指向与个人的幸福有着紧密的关联。

第六节　认识论上“未发”与“已发”的两重性

青年的思想，特别在认识论上有别于成人世界的思想领域，从1968

年世界范围的青年文化运动起，就一直是青年研究的重要课题，“代沟”（generation gap）这个概念正是当时的产物。代沟很形象地指出了从文化习惯、思想观念、行为规范、世界观念、道德准则等各个不同的方面，都存在着成人与青年两个相对独立的世界，即秩序化、概念化、管理化的成人世界与感性化、形象化、无序化的青年世界。

历史上，这种社会关系的两重化，总会带来认识论上的二元化。一种是概念化、合理化、语言化的学问世界，在儒家被称之为“已发”；另一种是感情化、神秘化、非语言化的学问世界，被称之为“未发”。所谓“喜怒哀乐未发则谓之中，发而皆中节则谓之和”（中庸）。对人生而言，则认为“人之初生，固纯一而未发”（大学或问）。“未发”不仅是一个哲学上的概念，更重要的是指出了人性的普遍性质以及民众与圣人之间的平等地位：“喜怒哀乐未发之中，未是论圣人，只是泛论众人亦有此，与圣人都一般”（朱子语类·卷62）。而且，这种学问的两重性质，通过“未发”抵制将个人置于规范性认同约束之下的话语霸权，从知识的异化中解放人性，使其自由的在公共领域发挥作用。

概念化的世界连接制度社会、政治社会，而非概念化的世界则与民间社会紧密相联。1968年欧美的青年学生运动批判了把知识当做权力和统治工具的作法，批判了制度社会凭借传播知识之名，通过各种各样的隐蔽机制，如报纸、电视、大学等传播媒体和教育机关，通过语言化的渠道，渗透到民间社会和个人世界之中。认识到作为制度社会的知识和话语并不具备公共性，是独立于人类主体意向而运作的；认识到我们所存在的世界不仅仅是被异化了的语言世界。

文字化的世界是比较容易被理解的，比较容易被学习和教育，容易形成一种社会意识和普遍的价值观，这是成人的认识世界。而对非文字化的世界如感情世界、感觉世界，一切非人为的自然世界的认识，就不可能形成规范的教育和学习模式，只能是因人而异，因事而宜，这是青年的认识世界。因此，公共领域应该是包括文字世界和非文字世界，而不仅仅是这两重世界的交接处，或者媒介。

无论从时间或空间上来说，非文字世界要比文字世界广大的多，也深远的多。如何接触这个世界，佛教用坐禅，儒家就用静坐。郭沫若（1892 ~ 1978）曾说："静坐这项工夫，在宋明诸儒是很注重的，论者多以为是从禅而来，但我觉得当渊源于颜回。《庄子》上有颜回'坐忘'之说，这怕是我国静坐的起源。"[①]朱熹教其门人郭德元"半日静坐，半日读书"[②]（朱子语类·卷116），应该是对文字世界和非文字世界的一种平衡。

儒家是将"心"作为已知世界，即形成文字世界和未知世界或感知世界的公共领域，"志"的核心也是"心"，通过"心"才能对人的本质有真实的认识。如刘宗周（1578 ~ 1645）"善读书者，第求之吾心而已矣。舍吾心而求圣贤之心，即千言万语，无有是处"，而"求吾心"必须在静定之中，方有所得（刘子全书《读书说》）。他在《静坐说》中更进一步强调："学问宗旨，只是主静也。此处工夫最难下手，姑为学者设方便法，且教之静坐。"静坐只是一种方式，目的是用身体来体会人类文明产生之前的世界，一种人类文明还没有能够解释的世界，被称之为"体认"。所谓"观喜怒哀乐未发之中"，"默坐澄心，体认天理"等。重视对"未发"世界的认识，是宋明儒学在认识论上的一个重要特征。他们认为，只有进入到"未发"的

① 郭沫若《文艺论集·王阳明礼赞》p44，人民文学出版社1979。

② "人若于日间闲言语省得一两句，闲人客省见一两人，也济事。若浑身都在闹场中，如何读得书！人若逐日无事，有现成饭吃，用半日静坐，半日读书，如此一二年，何患不进！"（朱子语类·卷116）

世界，才有可能真正理解文字世界里的概念，才是真正在运用儒家经典中的理念。这样的从“未发”到“已发”的认识过程，被称之为“复性之道”，才可能回复到人的本性，才能体现人的存在的本质。

儒学的认识论从“心”通向“诚”，“诚”是人的本质。作为新儒学经典之一的《中庸》有“诚者，天之道；诚之者，人之道”的基本命题。“诚”作为“心”的一种外在显现，即是先天的，也是后天的，“诚”将天道和人道结合在一起，自然与人为联系在一起，成为人的存在基础。因为，“诚”代表着一种真实无妄的状态，所以人心的本质是可以信赖的。儒家理论通过“心”的外在化的“诚”，体验自我与他者在“心性”层次上的交流，开始接近民间社会，开始认识被制度社会所忽略的民众世界，开始认识到“满街皆圣人”（王阳明语）的可能。由于“诚”是天道与人道的共同部分，而“福”又必须是天道与人道的共同产物，因此，“诚”也具有明显公共幸福的理念特征。

青年文化的特征是重视体验，对自我身体的关心，追求朝气蓬勃的生活方式，从感性和感情中理解事物等，这些与儒学的发展有着非常紧密的联系。和注重政体制度的政治儒学不同，心性儒学更重视个人与生命，重视内在的自然与外在的自然，更重视人为的礼（制度）之外的自然的生命世界。程明道（1032～1085）将《诗经》中的“鹜飞戾天，鱼跃于渊”作为生机活泼、万物一体的写照。他说过一句很重要的话：“吾学虽有所受，天理二字却是自家体贴出来。”（二程外书・卷12）由此可见，儒学理论中最重要的概念“天理”，并不是客观存在的，制度化、教条化、理论化的事物，而是和个人的“体贴”联系在一起。在古代汉语中，体之于身，“体”常用作动词，和“体”连接的词很多，除了体贴以外，还有体认，体会，体察，体验等。对宋明儒学来说，是将认识方法和途径分为两类，一种是外在的概念和知识，可以通过学校教育，科举考试来达成；另一种是对“道”、“天理”的认识，必须经过自身的内化过程，需要有感性和理性的内在经验，这就是程明道所说的“体贴”。

这种“体贴天理”认识真理的思想活动，体现了新儒家对主体性的重视，这种主体的精神活动是在与客观的天理相结合的时候才能够产生，所以，新儒家的一个重要特征是同时性，将一切历史时间转为当下。由于要做到精神活动与客观天理同构，所以儒家对天理一定要有一个体验性的经历，经验性的“体贴”与形成语言文字的概念是可以互换的。

逐渐从文字世界、制度世界、政治世界中摆脱出来的新儒学，开始贴近自然、人情、感觉等非文字化和概念化的世界，开启了宋明的“心性儒学”。沟口雄三认为，“心”的概念并不仅具有“内在性”的要素，所谓“内在性”并不是“心”的主要特征，“心”应该具有“环宇宙性”、“虚灵性”、“本体性”等的特征，其中贯穿于道德和自然之中的宇宙之心为主体[①]。重要的是，作为公共领域的“心”，不是唯物论、唯心论范畴的精神现象，而是包容已知世界和未知世界的象征。

新儒家认为，对天理的认识起点，并不是着眼于语言文字，而是具有宇宙精神的“心”；不是着眼于过去，而是着眼于现在的日常生活。由于天理是当事者主体亲历体验的，既然是和客体同时发生的，所以，对天理的体验性就具备了理论的普遍性和确定性。因为，一种由当事者的主体精神所产生的认识，不可能是怀疑主义和虚无主义的，一定具备理论的确定性、指向性和实用性。新儒家的天理，是当事者从现实生活出发，在自己的精神世界

① 沟口雄三《中国思想的精髓Ⅰ》p193，岩波书店2011年。

中亲历和体验客观的理论和历史，使主动的精神活动和客观理论同构，得出确凿的认知，程明道称之为“体贴天理”，王阳明将其称之为“致良知”。而且“良知即是未发之中，即是廓然大公寂然不动之本体。人人所同具也”（明儒学案·卷10姚江学案）。“未发”理论的重点仍然是每一个人，也就是人民大众都具备的良知—道德本体，强调了道德面前人人平等这一中国社会的基本原理；而如何克服知识的异化、私有化，以及扩大认知领域的公共化，则是“士”、知识分子、“青年”在漫长的历史实践中的使命。

结语　以天下为己任

理解儒学民众化的发展和过程，是认识青年现象一个很重要的环节。在追求社会正义和公共幸福上，青年共同体应该是继承了儒学的基本理论，并以新的形式和风格实践与推进这种精神。整个中国历史都是青年创造新文明的文化基础，离开过去的传统，将无从认识青年的现在与未来。

中国传统社会一个重要的特征是重视文化以及家庭、家族、地域社会，以至“天下”的基本伦理的传递与继承，所谓“道”，构成了中国文明的延续性，也是中国文明比之其他古代文明更具有顽强生命力的根本原因。因此，中国传统文化重视对历史发展规律的研究，重视对个人的生命周期和代际的年龄等问题的认识，也重视“士”、知识分子和青年在变革时期对“道”的履践。

中国传统文化中的“道”是一个非常复杂，有着多重解释的概念。但是在民间社会，在民众之中，“道”的概念主要代表着社会正义，所谓“替天行道”的口号就是一个例子。中国古代知识分子所持的“道”，不仅是想解决真理问题，更重要的是要解决政治社会中正义性的问题，或者说是公共性的问题。到了互联网的时代，知识和信息得到了充分的普及，知识分子作为一个阶层已经逐渐地消亡，代之而起的是青年群体。青年群体属于民间社会，游离于制度社会之外，但是，他们对社会和政治的关心程度，对社会正义和公共幸福的追求，表现得最为强烈，并且著述于行动。从广义的思想史的观点来看，社会正义和公共幸福的理念一旦转移到青年的手上，便会发生简单化和行动化的变化，因而形成一种新的口号。

儒学民众化的过程也是一样，如明代的阳明学，黄宗羲（1610～1695）说：“阳明先生之学，有泰州、龙溪而风行天下，亦因泰州、龙溪而渐失其传”；又说：“泰州之后，其人多能以赤手搏龙蛇，传至颜山农、何心隐一派，遂非后名教之所能羁络矣”（明儒学案·卷32）。指出了明代末期儒学民众化的活力以及超越儒学传统规范，出现简单化、行动化的主要特征。

儒学的民众化其重要之处就在于，将道德伦理的个人或家族的正义，转换为一种社会正义；将个人或家族的幸福，转换为一种公共幸福。这就是从孟子的“人皆可以为尧舜”（孟子·告子下），到周敦颐的“圣人可学而至”（通书），到王阳明的“满街皆圣人”（传习录下）的传承中所体现的，人不仅生而平等，而且每一个人通过学习都有可能成为全面发展的人[①]。人与生俱来既有无穷的内在资源，学习不是模仿，而是一种创造过程，人的发展就是通过语言、道德、认知等创造，使得这些内在资源充分发挥。

① “自古士农工商业虽不同，然人人皆可共学。孔门弟子三千，而身通六艺者才七十二，其余则皆无知鄙夫耳。至秦灭学，汉兴，惟记诵古人遗经者，起为经师，更相授受，于是指此学独为经生文士之业，而千古圣人与人人共明共成之学，遂泯没而不传矣。……愚夫俗子，不识一字之人，皆知自性自灵，自完自足，不暇闻见，不烦口耳，而二千年不传之消息，一朝复明。”（《明儒学案·卷32·泰州学案一》）

用加达默尔（1900～2002）诠释学的思想来看，一个思想家对他的文化传统自觉到什么程度，则他对传统文化的理解，以及超越传统文化的潜力就到什么程度。因此，理解者和被理解的传统文化之间有共同性，而且这种共同性在不断的理解和解释中得到发展。儒学的民众化以及公共幸福，始终存在于古代、近世与近代的青年群体的理解之中，并得到发展。公共幸福是共同体的幸福，是全社会的幸福，是天下的幸福，因此，“士当先天下之忧而忧，后天下之乐而乐”（范仲淹《岳阳楼记》），就是对公共幸福的社会责任感和自我期待。

中国的制度社会与民间社会的两重世界提供了培育公共幸福这一社会正义思想的土壤。正如加达默尔所说的那样，历史的多层次的时间间距提供了理解历史事件的连续性，使得历史与现代联系在一起，给历史带来了新的生命力；历史理解的对象，儒学的民众化，以及“士”、知识分子、青年等共同体正是历史发展的主体，而公共幸福正是全部人类历史事件的根本意义所在。因此，青年这个概念属于公共领域，是中国社会两重性的代表和体现，青年的特点就在于它的思想方式和行为方式的社会正义性和公共幸福性。也许有一天，“青年”与它的前辈“士”、知识分子一样，渐渐地从社会正义与公共幸福的第一线上退了下来，成为传统文化；那么，肯定会有新的共同体来代替它的位置，以天下为己任，站在对公共幸福追求的前列。

对传统文化的研究，不仅需要批判和解构，更需要一种诠释与重建，需要超越时代与传统对话和创新，从历史意义中发现我们今天的存在意义，只有全面深入地探讨，才能把传统的资源充分展现出来。

第八章

论圣人毛泽东的自由意志

——对理想青年形象形成的启示

引　言

圣人的理念正是人类对自我本质的一种追求，是人为了克服异化劳动，克服将自己的本质变成仅仅维持自己生存手段的一种自由意志。圣人的自由意志的历史发展，是人类追求人的全面发展的思想实践。有关圣人的理念无论用什么形式出现，最后都一定会归结到人的无止境发展的可能。圣人的自由意志正是人通过实践、特别是道德实践改造人的存在，以体现人的本质。圣人的自由意志有三个不同的层次：一是内圣，回归人的本质；二是外王，造福于全人类；三是日新，超越时代的创新。这三者是相互关联、不可或缺的。圣人以及圣人自由意志的出现不是为了解释这个世界，而是为了改变这个世界。

第一节 毛泽东的“虎气”和“猴气”

我们应该同时从传统的和现代的两个不同的角度来讨论儒家传统文化所面临的一些现实课题。这里，把自由意志这个哲学命题作为研究“圣人”的现代命运以及发展前途来考察，则更容易将“圣人”的传统文化与现实生活，特别是人的道德形成理论联系起来。加达默尔（Gadamer，1900～2002）所说：“人们所需要的东西并不只是锲而不舍的追究终极的问题，而且还要知道：此时此地什么是行得通的，什么是可能的以及什么是正确的。我认为，哲学家尤其必须意识到他自身的要求和他所处的实在之间的那种紧张关系”（真理与方法·第二版序言）。也就是说，无论是历史研究，还是现实问题的研究都要超越客观概念，进入到与主观性相互依存的境界，即对客观与主观的超越。儒家学说中的“天”的观念，“道”的观念，都体现了对超越的向往；而“圣人”的观念则是介于现实与超越之间的时代文明的典范。

毛泽东在“文化大革命”的初期，曾在一封信中写道：“在我身上有些虎气，是为主；也有些猴气，是为次。”（1966年7月8日）关于何为“虎气”，何为“猴气”，一直有着许多不同的解释，我比较倾向于将“虎气”作为超越性，“猴气”当做现实性来看待。圣人以及圣人的观念不是代表一种完美。事实上，从神话、传说、历史、现实中，这种完美都不存在。而且，正是因为不存在，“完美”所以才需要有圣人的超越和创新。如果，要以完美来确定一个圣人的话，恐怕没有一个人能被称之为“圣人”。这种被毛泽东认作“虎气”的超越精神，一方面是从日常的、开放性的经验向“本我”的超越（觉悟）；另一方面，是从个人的存在向人类的、历史存在的超越。可以说，只有这种对自我的超越和对时代的超越，以及这种超越所达成的物质或精神的创新，才是确定圣人的基本条件之一。

第二节　圣人的自由意志是对“造福人类”的选择

所谓自由意志就是人的一种超越，或者说，“自由”本身就是一种超越。自由意志是人格形成的中心，通过自由意志可以将宇宙转变在一个人身上，完成“天人合一”质的飞跃。因此，圣人是具备自由意志的人。用儒学的语言来说，就是具备良心的人；用佛教的语言来说，就被称之为“种子”，超越自我是人与生俱来的本能，或造物主所赋予的本质。阿奎那斯（354～430）认为，所谓自由意志，不是有自由选择的权利，而是对“自由”的选择。自由意志是位于人的选择意志之上的一种存在，是人的全体意志的统一，是思想和反省的结果（自由意志论）。所谓对“自由”的选择，就是一种对自我的超越。自由意志永远和存在的基本问题联系在一起、在人们重新审查自己生命本源和存在意义的时代变得尤为强烈，因为，只有实践超越和创新的人，才真正理解“自由”，才能够具备自由意志。

中国的自由传统是由圣人的出现而开始形成的。圣人是基于社会进步的信念，充分信赖人性中的善良本质和不断完善的自律性，帮助所有的人体现在宇宙规律下的最大的自由。圣人是天命与民众之间的媒介，帮助民众完成其时代的历史使命，体现了一种集体的自由意志。在中国上古时期的11位圣人中，伏羲创造了文字，神农是农业的发明者，黄帝是华夏民族的始祖；

尧、舜、禹都是以爱民著称的君主；商汤、周文王、周武王则是替天行道的政治革命象征；周公、孔子是完成礼乐、伦理制度的集大成者。如果用黑格尔的理论来说，人类社会文明的发展，法律和伦理的发展，就是自由意志的一种外化的过程（法哲学原理）。

自由意志相信人类能够正确地选择自己的行为，因为，“人的存在最终的和与有限的特性比人本身更为重要”（A.加缪《西西弗的神话》）。在中国传统文化中，这种以普世价值进行道德判断的自由意志的人，被称之为“圣人”。“圣人”的概念是一种具有普世意义上的人，圣人的自由意志是代表普世的价值观。至少在中国传统文化中的“圣人”理念，都是从根本上体现民众愿望和利益的。即使在神话与传说之中，和掌握天下万物命运的神仙不一样，圣人的存在是为民众造福，是为民众排忧解难。如伏羲、神农、黄帝将华夏民众带入到文明社会；尧、舜、禹奠定了原始民主政治的雏形；而商汤、文王、武王则解民众之倒悬之苦；周公、孔子制定了影响中国近3000年农业文明的社会制度。因此，所谓圣人的自由意志，就是民众追求进步的意志，就是探索与完成人类历史的使命。

朱熹（1130 ~ 1200）说：“圣人之于天地，犹子之于父母。”（朱子语录卷13学七）说明了圣人与天地之间的关系，是一种直接继承的关系，也是宇宙万物或宇宙法规在人世间的代表。圣人在“天地”即宇宙的客观法则，也就是民众的根本利益和进步方向上做出选择。陆象山的“本心”和王阳明的“良知”是善的自由意志，是一种对人的本质的回归。王阳明的“心即理”是以良心为出发点的学说，更加接近于选择回归人的本质的自由意志。良心是处在理（本质）与气（现象）之间的一种调节装置，良心是具备自由意志的一种存在，是一切行为以及超越创新的出发点。更重要的是，圣人的良心不是一种独善其身的生命哲学，而必须关系到民众的疾苦，有着平等与博爱的精神。如王安石（1021～1086）就是非常明确地表示自己从政的目的，就是希望为民众做事。“吾止以雪峰一句作宰相。世英曰：愿闻雪峰之语。公曰：这老子尝为众生作什么？”（惠洪《冷斋夜话·卷10》）我们可以从中看到，为民众造福不仅是儒学的一条最基本的行为准则，而且以“众生不异佛、佛即是众生”为原理（临川先生文集·卷3），民众本身就是圣人的一切学说、一切政治行为要到达的终极关怀。圣人的自由意志的指向是造福人类。

第三节　圣人的自由意志是对超越创新的选择

圣人学说中的两个重要概念：一是自然的概念；另一个是自由的概念。圣人是自然与自由在人的道德形成中合成的产物。所谓“自为”是否就是和“自由”同等的概念呢？马克思的关于人的发展理论里，借用了黑格尔哲学中的“自为”这个概念，说明人从存在的、潜在的、自在的自我，向全面发展的、本质的、自为的自我的展开。“自由”是“自在”与“自为”的中间阶段，处于觉悟与未觉悟之间，包含内容最多，充满了矛盾。所以，“自在”与“自由”以及“自为”的关系，反映了人从自在的阶段过渡到自由和自为的发展进程。自然人是处于自在阶段，君子是从属与觉悟相互依存的自由阶段，而圣人是达到人的全面发展的自为阶段。当然，仅仅达到人的全面发展还不能算是圣人。因为，圣人必须是超越时代的产物，是“应运而生”承担历史使命的自由意志。如庄子（公元前369～286）所说：“天下有道，圣人成焉；天下无道，圣人生焉”（人世间第四）。指出了圣人所具备的生存的自由，成功的自由，都是由天道所决定的。而所谓“天道”就是“人心”，即全人类的意志与人类文明发展的需求。

现代历史学家如英国的A.汤因比（1889～1975）都注意到人类文明的起源、成长、衰落、解体中，英雄人物或者称之为圣人在文化和文明上的创新性，导致了超越历史的突破性进展。汤因比指出：“我们必须抛弃自己的幻觉，即某个特定的国家、文明和宗教，因恰好属于我们自身，便把它当做中心并以为它比其他文明要优越。”（历史研究1卷本2001.1）研究圣人应该超越国家、地域和宗教的局限，以全体人类的文明和发展为研究单位，从一个宏大的视角出发，将圣人的产生放在人类文明的形成和发展过程中来考察，将圣人的出现作为一种人类发展的需求。

余英时（1930～）在《道统与政统之间》一文中说：宋儒说“天不生仲尼，万古如长夜”尚只点明了“突破”的一个方面。另一个方面则是，所谓“圣人应运而生”，“运”是指历史上的机运或缘会。必须会合此两面以观，“突破”在古代文化发展史上的意义才能充分地显现出来[①]。用“突破”二字，非常明确地提出了圣人与历史超越性之间的关系。

同样，朱熹对圣人与时代以及历史使命的关系，也有近似的认识：“问：圣人兼三才而两之。曰：前日正与学者言，佛经云：我佛为一大事因缘出现于世。圣人亦是为一大事出现于世。上至天，下至地，中间是人。塞于两间者，无非此理。须是圣人出来，左提右挈，原始要终，无非欲人有以全此理，而不失其本然之性。天佑下民，作之君，作之师，只是为此道理。故圣人以其先得诸身者与民共之，只是为这一个道理”（朱子语录卷13学

① 余英时《士余中国文化》p91，上海人民出版社1996年。

七）。非常肯定地说明了，所谓圣人是为了民众这一大事才出现于世的，圣人必须“与民共近之”。所以，“圣人之学，则至虚而实实，至无而实有，有此物则有此理”。圣人不是一种空想，一种可望而不可及的目标，而是一种实实在在的道理和日常的存在。

宋明的新儒家无论其对“圣人”持何种解释，都无法完全丢开与“天”的关系。“天”包含着对人的本质的回归，对民众的贡献，对时代的超越与创新。“天有是理，圣人循而行之，所谓道也。圣人本天，释氏本心。”（河南程氏遗书·卷21下）由此可见，圣人是实现天意的一种自由意志。程明道以为，“仁者以天地万物为一体”（河南程氏遗书·卷2上）。“圣人”是天，或自然规律的内在化呈现，体现了人与万物的本质。如北宋时期的邵康节（1011~1077）的“数”、程明道（1032~1085）的“理”、张载（1020~1077）的“气”、周敦颐（1017~1073）的“诚”、王安石（1021~1086 ）的“法”，以后朱熹的“性即理”，王阳明的“心即理”，都是对客观规律内在化的一种表述，从不同的角度确定人的本质，都希望从不同的概念中找到人的发展的规律性和人类社会进化的规律性。达成这种天理内在化的圣人的职责就是去能动地“参天地之化育”，促进天理在人类社会中的发展。

庄子特别重视圣人与超越之间的关系：“以天为宗，以德为本，以道为门，兆于变化，谓之圣人”（天下第33）。天理不是一种固定化了的秩序，而是一种发展和变化，一种生生不息的自然进程，圣人的职责不过是应对变化予以创新。圣人对“天道”的理解与实践，在宋明的新儒学里，被称之为“诚意”，即圣人的自由意志。只有达到了“至诚”的阶段，即宇宙法则或宇宙秩序中的自由意志，才有可能感应“天心”、“天意”。至诚就是一种圣人的自由意志。诚，或者至诚，是属于怎样的一种状态呢？“诚”应该属于一种超越的、自为的状态，而不是属于自然的。《中庸》对“诚”做了最为详尽的诠释。不仅认为天道是诚，而且人道是为了去实现这个“诚”。文中说，“诚者，自成也”，这个“自成”，可以看做是对人的本质回归，是觉悟的人对自然状态下的人的一种超越，所以周敦颐说“圣，只是诚而已”。

在儒家学说里，一是，圣人的目标是可以通过学习达到的，“为学，须思所以超凡入圣。如何昨日为乡人，今日便为圣人！须是竦拔，方始有进”（朱子语录卷8学二）。儒学也被常称之为“为己之学”。这里的“为己”，也就是对自我的一种超越；二是，圣人是天、自然、理法的代表者，是身体、家庭、国家、天下秩序的实现者，“由其道而言，谓之神；由其德而言，谓之圣；由其事业而言，谓之大人”（临川先生文集·卷66）。总之，圣人的角色、任务会因循时代的要求有所表化，但是，无论何时何地圣人都继承着从上古时期起“苟日新，日日新，又日新”（汤盘）的古老的人文传统，始终以“天地始者，今日是也”（荀子·不苟篇）。在世界变革中发挥着创造性、超越性的关键作用。到了近代，谭嗣同（1865～1898）更是将“新而又新”作为事物变化的法则：“昨日之新，至今日而已旧；今日之新，至明日而又旧。所谓新理新事，必更有新于此者”（仁学）。这种“冲破一切网罗”的创新哲学，对20世纪中国的革命者产生了不可磨灭的影响。

加达默尔认为:“历史理解的真正对象不是事件,而是事件的‘意义’,当我们讲到某个自在存在的对象和主体对这个对象的接触时,就显然没有正确地描述这种理解。其实，在历史理解中总是包含这样的观念，即遗留给我们的流传物一直讲述到现在，必须用这种中介加以理解，而且还要理解为这种中介。”（真理与方法·上p422）我们需要讨论的正是“圣人”这个历史对象里所包含的超越性的意义，以及解释这种超越性的意义在现代价值。

第四节　毛泽东“大本大源”的圣人观

毛泽东终其一生都为其英雄主义的理想所激荡。他在年轻时代就立下了“自信人生二百年，会当水击三千里”的志向。他认为，“帝王一代帝王，圣贤百代帝王”（《伦理学原理批语》）。由此可见，毛泽东从青年时代起，就以成圣作为自己的人生奋斗目标。

朱熹说：“圣人之道，如饥食渴饮。”（朱子语录卷8学二）毛泽东（1893～1976）一生都在追求圣人之道，他的圣人观在三个不同的年龄层次，有着三次明显的发展。即青年时期追求“大本大源”回归本我的内在型圣人观；中年时期的“造福人民”的外在型圣人观；以及老年时期的“创造新世界”的超越型的圣人观。

青年时期的毛泽东的圣人观，可以在《毛泽东早期文稿》中看到。1917年在湖南第一师范的毛泽东在《体育之研究》中指出，圣人是最大的思想家。在《致黎锦熙信》[①]中又对圣人的概念作了进一步的说明，认为圣人就是得到“大本”的人，而贤人则是低一个层次，是“略得大本的人”。“圣人通达天地，明贯过去、现在、未来，洞悉三界现象，如孔子之“百世可知”，孟子之“圣人复起，不易吾言。”所谓“本源者，宇宙之真理”，因为圣人掌握真理，所以能“动天下之心”，产生“动天下”的效果。在《伦理学原理批注》中又说，“圣人者，抵抗极大之恶而成者也”。将圣人与大本、真理、宇宙之本源联系在一起的思想家，抵抗恶势力、动天下的实践

① 黎锦熙（1890～1978）字劭西，湖南湘潭人。著名语言文字学家、词典编纂家、文字改革家、教育家。曾任北京师范大学教授、文学院院长、教务长、校长。

者。这个时期的毛泽东的圣人观，还是集中在“本我”，即与宇宙万物相同的大我之上，认为掌握了宇宙真理的人，就是圣人。

青年时期的毛泽东受到了被称之为“道德文章冠于一代”、“一代儒宗”的曾国藩（1811～1872）[①]的影响，曾感慨地说过：“吾于近人，独服曾文正，观其收拾洪杨一役，完满无缺。使今人易其位，其能有如彼之完满乎？”（《致黎锦熙信1917.8》），认为世上“有办事之人，有传教之人。前如诸葛武侯、范希文，后如孔孟、朱陆、王阳明等是也。宋韩范并称、清曾左并称。然韩左办事之人也，范曾办事而兼传教之人也”（湖南第一师范讲堂录）。在这里，毛泽东把历史上有所成就的大体上分为三类，即办事之人、传教之人和办事而兼传教之人。他认为诸葛孔明是办事之人，孔子、孟子、朱熹、陆九渊、王阳明等是传教之人，在宋代“韩范并称”；在清代“曾左并称”。但韩琦（1008～1075）[②]、左宗棠（1812～1885）[③]是办事之人，而范仲淹989～1052）[④]、曾国藩是办事而兼传教之人。也就是说，“办

① 曾国藩（1811～1872），初名子城，字伯涵，号涤生，谥文正，汉族，出生于湖南长沙府湘乡县杨树坪（现属湖南省娄底市双峰县荷叶镇）。晚清重臣，湘军的创立者和统帅者。清朝军事家、理学家、政治家、书法家，文学家，晚清散文“湘乡派”创立人。晚清“中兴四大名臣”之一，官至两江总督、直隶总督、武英殿大学士，封一等毅勇侯，谥曰文正。

② 韩琦（1008～1075），字稚圭，号赣叟，相州（今河南省安阳县韩家庄）人，是北宋仁宗、英宗和神宗三朝的宰相。他出身官宦世家，自幼“风骨秀异”，才智超人。20岁中进士，做临丞官，钱粮仓库的管理有条不紊。后提升为陕西安抚经略招讨使，和范仲淹同在军中，挂帅西征，使西夏被迫臣服于宋。于嘉佑3年（1058年）和嘉佑6年（1061年8月），先后被仁宗拜为副宰相和宰相；治平2年（1065年），被英宗拜为右濮射，封魏国公；熙宁元年（1068年），被神宗拜为司徒，兼侍中，判相州。

③ 左宗棠（1812～1885），字季高，一字朴存，号湘上农人。晚清重臣，军事家、政治家、著名湘军将领，洋务派首领。左宗棠少时屡试不第，转而留意农事，遍读群书，钻研舆地、兵法。后竟因此成为清朝后期著名大臣，官至东阁大学士、军机大臣，封二等恪靖侯。一生经历了湘军平定太平天国运动、洋务运动、镇压陕甘回变和收复新疆等重要历史事件。

④ 范仲淹（989～1052），字希文，苏州吴县人。祖籍邠州（今陕西省彬县），先人迁居苏州吴县（今江苏苏州），唐朝宰相范履冰的后人。北宋著名的政治家、思想家、军事家和文学家，世称“范文正公”。他为政清廉，体恤民情，刚直不阿，力主改革，屡遭奸佞诬谤，数度被贬。1052年（皇祐四年）5月20日病逝于徐州，终年64岁。是年12月葬于河南伊川万安山，有《范文正公全集》传世，附《年谱》及《言行拾遗事录》等。

事而兼传教”的曾国藩是毛泽东最佩服、敬重的人，因为他不仅成就了伟大的事业，其思想也影响并教化了社会。1972年12月18日毛泽东在接见美国记者斯诺（E. Snow，1905～1972）时说：“什么‘四个伟大’[①]，讨嫌！总有一天要统统去掉，只剩下一个Teacher，就是教员。因为我历来是当教员的，现在还是当教员。其他一概辞去。”毛泽东要当的教员，就是当“传教之人”，担当起教育整个中华民族的圣人。

毛泽东在1913年的《讲堂录》中记有：“涤生日记，言士要转移世风，当重两义：曰厚，曰实。厚者勿忌人；实则不说大话，不好虚名，不行架空之事，不谈过高之理。”毛泽东认为，被称之为“立德立功立言三不朽，为师为将为帅一完人”的曾国藩是在近代历史的风云人物中，超越袁世凯、孙文、康有为等，唯一具有“大本大源”的人。因为“天下亦大矣，社会之组织极复杂，而又有数千年之历史，民智污塞，开通为难。欲动天下者，当动天下之心，而不徒在显现之迹。动其心者，当具有大本大源”。

青年毛泽东心目中的圣人，应该是具有宇宙真知的大本大源，能动天下之心，以动天下之人。“当今之世，宜有大气量人，从哲学、伦理学入手，改造哲学，改造伦理学，从根本上变换全国之思想。此如大纛一张，万夫走集；雷电一震，阴翳皆开，则沛乎不可御矣！”（《致黎锦熙信1917.8.23》），毛泽东从青年时期起，以“大本大源”、“从根本上变换全国之思想”的理念，就成为自己一生奋斗的理想意义和历史使命。

① 四个伟大：伟大导师、伟大领袖、伟大统帅、伟大舵手。

第五节　毛泽东“为人民服务”的圣人观

朱熹认为：“圣人相传，只是一个字。尧曰“钦明”，舜曰“温恭””（（朱子语录卷12学六）。如果用一句话来概括毛泽东圣人观的话，那么“为人民服务”应该是构成其全部思想的核心原则。在“文化大革命”中，最有名的文章是毛泽东写的三篇短文，又被称作“老三篇”，即毛泽东在中年时期所写的《为人民服务》、《纪念白求恩》、《愚公移山》。20世纪的30年代和40年代，是中国人民在人格形成、道德形成上的重要时期，是一个不仅有知识分子阶层而且包括广大人民群众在民族意识、民主意识、主人公意识产生巨大变化的时期，是一个追求人的解放和社会的解放的时期。《为人民服务》、《纪念白求恩》、《愚公移山》正是反映这一时期人的道德形成和人格形成产生质的飞跃的标志。这种人的精神上的解放，主人公的自由意志的出现，与文艺复兴时期欧洲的人性的解放，美国独立战争时期的自由精神，法国大革命时期的自由、平等、博爱，俄国革命时期的布尔什维克主义一样，构成了中国现代社会的新民主主义的精神基础。从中国特色来说，是“人皆可为舜尧”（孟子·告子下）中人的发展理论在革命实践中的一次历史性的突破。国难当头，民族的存亡、家庭的存亡、个人的存亡到了最危险的时刻，每个人都主动地或被动地做出选择，如《义勇军进行曲》所描述的“发出最后的吼声”。这种选择就意味着主人公自由意志的产生带有群众性与普遍性，参加解放民族和民众的革命者就是当时的圣人，人民大众成为圣人。毛泽东把这种现象称之为“六亿神州尽舜尧”（送瘟神·1958）。这一时期所形成的中国人的现代道德准则和道德理念，经历了70年以上不同的历史变迁，一直到今天仍然是维持与发展中国社会的道德基石。

到了20世纪60年代，这三篇文章可以说是家喻户晓，是当时在中国生活着的人们的基本教材和行为指南。时隔40年，我们再来审视这三篇文章，重新解释文章的内容和导向，就可以发现它们和中国传统中的圣人论有着紧密的传承关系，或者可以说是圣人学说的一个新阶段。

《为人民服务》（1944年）提出了一个全心全意为人民服务的道德共同体的主题，指出："我们这个队伍完全是为着解放人民的，是彻底地为人民的利益工作的。……因为我们是为人民服务的，所以，我们如果有缺点，就不怕别人批评指出。不管是什么人，谁向我们指出都行。只要你说得对，我们就改正。你说的办法对人民有好处，我们就照你的办。……只要我们为人民的利益坚持好的，为人民的利益改正错的，我们这个队伍就一定会兴旺起来。"毛泽东认为，这个社会共同体的组成是"我们都来自五湖四海，为了一个共同的革命目标，走到一起来了。我们还要和全国大多数人民走这一条路"。这个社会共同体的目的是"完全是为着解放人民的，是彻底地为人民的利益工作的"。归结为一句话："全心全意为人民服务"。

《纪念白求恩》（1939年）提出了一个毫不利己，专门利人的道德主体性的课题，指出"我们大家要学习他毫无自私自利之心的精神。从这点出发，就可以变为大有利于人民的人。一个人能力有大小，但只要有这点精神，就是一个高尚的人，一个纯粹的人，一个有道德的人，一个脱离了低级趣味的人，一个有益于人民的人。"这个道德主体性就是："一个有益于人民的人。"

《愚公移山》（1945年）毛泽东在中共"七大"作闭幕词时，用了《列子·汤问》中的这个典故。他说："现在也有两座压在中国人民头上的大山，一座叫做帝国主义，一座叫做封建主义。中国共产党早就下了决心，要挖掉这两座山。我们一定要坚持下去，一定要不断工作。我们也会感动上帝的。这个上帝不是别人，就是全中国的人民大众。”用愚公移山的精神感动上帝的故事，提出了全中国的人民大众就是上帝的新理念，提出了挑战传统社会秩序的“人定胜天”的价值观念和终极关怀[①]。

20世纪初期，特别是“五四运动”以后，“人定胜天”的概念是一代中国人的信念。如蒋介石在1927年、1928年、1929年的日记中，每天在都要抄写“人定胜天”这四个字，直到他开始信仰基督教为止（中国新闻网2012.6.29）。

毛泽东将人民大众比作上帝，个人、共同体的目的都是为了人民大众，彻底地体现了从孔子与孟子开始的民本主义的精神，并且将其推向极致；也就构成了圣人所具备的必要条件。

张思德（1915～1944）、白求恩（1890～1939）、愚公（上古神话中人物）这三个人物，代表了人的青年、中年和老年的三个年龄阶段中的圣人形象；他们一个是中国人，一个是外国人，一个是传说中人物，代表了人类在现实中和理想中的完美形象。因此，这三篇文章从个体的道德主体性，到共同体的道德主体性，以至道德、宇宙的终极性，完整地构成了一个以民为天的圣人形象。这里，道德的核心价值是人民大众。

在新儒学的经典《大学》的三纲领中有“明明德、在新民、止于至

① “北山愚公者，年且九十，面山而居。惩山北之塞，出入之迂也。聚室而谋曰：‘吾与汝毕力平险，指通豫南，达于汉阴，可乎？’杂然相许。其妻献疑曰：‘以君之力，曾不能损魁父之丘，如太行、王屋何？且焉置土石？’杂曰：‘投诸渤海之尾，隐土之北。’遂率子孙荷担者三夫，叩石垦壤，箕畚运于渤海之尾。邻人京城氏之孀妻有遗男，始龀，跳往助之。寒暑易节，始一反焉。河曲智叟笑而止之曰：‘甚矣，汝之不惠！以残年余力，曾不能毁山之一毛，其如土石何？’北山愚公长息曰：‘汝心之固，固不可彻，曾不若孀妻弱子。虽我之死，有子存焉；子又生孙，孙又生子；子又有子，子又有孙；子子孙孙无穷匮也，而山不加增，何苦而不平？’河曲智叟亡以应。操蛇之神闻之，惧其不已也，告之于帝。帝感其诚，命夸娥氏二子负二山，一厝朔东，一厝雍南。自此，冀之南，汉之阴，无陇断焉。”《列子·汤问》。

善”、同样提出了以“民吾同胞”为道德的主体；以教化与更新民众为道德的共同体；以“天下一家、中国一人”的至善为道德的终极关怀。这与“老三篇”中的民本思想是一致的。而能够处理好自我与人民的关系；自我与天下人民的关系；自我与自然、天、至善、永续发展的关系的人，就是以民为天的圣人。

应该说，“以民为天”是中国文化传统中圣人思想的核心。从殷商时代开始，“天”作为具有绝对权威的象征，经历了从未知的神灵过渡到可以认知的人类的漫长历史进程，这种绝对权威的象征又从君主、独裁者转向民主、人民大众。而圣人作为“天”与“人”之间的一种媒介，起着“替天行道”，即完成天命以及历史使命的职责与任务。明代的著名小说《水浒传》的宗旨，就是“替天行道”，指出了普通人，哪怕是山大王都有可能义务履行圣人的职责与角色。比之王阳明“满街皆圣人”的学说，似乎更有说服力，也更为一般老百姓所接受。到了毛泽东的时代，人民大众成为了绝对权威的象征，“以民为天”中的人民，实际上已经成为代表与履行天命的圣人。

在毛泽东生命的最后一年，他重复先前说过的名言：群众是真正的英雄，而我们往往是幼稚可笑的。同时，他着重地加了一句话：“包括我”！

第六节　毛泽东“破旧立新”的圣人观

“破旧立新”也是“文化大革命”的一条重要原则。“新者，革其旧之谓也”（朱子四书集注）。建立一个与传统社会彻底割裂的全新的社会，应该是毛泽东的理想。他将鲁迅列为圣人，应该是推崇鲁迅（1881～1936）对传统社会以及礼教的批判精神。鲁迅的自我批判精神，是中国空前绝后的，同时鲁迅还具有自我忏悔精神。显然从来没有人像鲁迅那样对自己，对中国的国民性作如此深刻的反思，那样使自己置之死地而后生。鲁迅能够进入到自己的内心深处，发现了自身的存在问题，以及改造中国社会的困难。

1971年11月，毛泽东在武汉谈论鲁迅时，他重申了1938年第一次公开评价鲁迅时所作的结论：鲁迅是中国的第一个圣人，中国第一个圣人不是孔夫子，也不是我，我是圣人的学生（陈晋《北京党史研究》1997.3）。在“文化大革命”的一片“万岁”声中，毛泽东将鲁迅比做中国第一个圣人，并说“我是圣人的学生”。当时，人们一听而过，不会当真。今天我们在研究毛泽东的圣人观时，就应该沉浸下来，去体会他对圣人与中国革命之间关系的理念与心境。

毛泽东的圣人观念，应该包括两个不同的层次。其一，是天下之圣人，人类道德共同体的圣人，人民的圣人，时代创新的圣人。如张思德、白求恩、愚公等人物形象；其二，是自我之圣人，是毛泽东自我人格形成和自我超越的理想，早期有曾国藩，中年和晚年就是鲁迅。

1938年10月9日，毛泽东在陕北公学纪念鲁迅逝世一周年大会上发表演讲：“鲁迅在中国的价值，据我看，算是中国第一等圣人，孔夫子是封建社会的圣人，鲁迅是新中国的圣人。”1940年毛泽东在《新民主主义论》中说，鲁迅是“中国文化革命的主将，他不但是伟大的文学家，而且是伟大的思想家和伟大的革命家，是空前的民族英雄。鲁迅的方向，就是中华民族新文化的方向”。

1966年7月8日，毛泽东在一封写给江青（1915～1991）的信中说：“我少年时曾经说过，自信人生二百年，会当水击三千里。可见神气十足了。但又很不自信，总觉得山中无老虎，猴子称大王，我就变成这样的大王了。但也不是折衷主义，在我身上有些虎气，是为主；也有些猴气，是为次。我曾举了后汉人李固写给黄琼信中的几句话：峣峣者易折，皎皎者易污。阳春白雪，和者益寡；盛名之下，其实难副。”毛泽东作为一个思想家在自由意志中认识到了选择“自由”的困难和超越时代的困难，他的动摇是因为在“破旧立新”中感受到了一种未知的力量存在，在创造历史时，象哈姆雷特一样，遇到了“存在还是不存在”的难题。

毛泽东在信中还写道：“晋朝人阮籍反对刘邦，他从洛阳走到成皋，叹道：世无英雄，遂使竖子成名。鲁迅也曾对他的杂文说过同样的话。我跟鲁迅的心是相通的。我喜欢他那样坦率。他说，解剖自己，往往严于解剖别人。在跌了几跤之后，我亦往往如此。可是同志们往往不信。”在处理一些重大问题的时候，毛泽东常常提出鲁迅，自觉或不自觉地同自己心目中的圣人以及作品对话，以求得心灵上的交流。在毛泽东逝世的半年前，还郑重地发布指示：“我建议，在一二年内，读点哲学，读点鲁迅。”（北京党史研究1997.3）

在创造了中国现代历史，声名威望都达到顶峰时期，毛泽东却毫不掩饰自己的内心和在中国黑暗的日子里孤独奋斗的鲁迅息息相通。从以上的信的内容中，可以感受到毛泽东在创造历史，洞悉世事的同时，仍然有环顾四周而少知音的忧虑和超越时代的局限时所感到的孤独。正是鲁迅那种在思想界独往独来，直面惨淡的人生，超越生死，超越历史，勇往直前的孤独，才是与毛泽东在心灵上相通的地方。如“山中无老虎，猴子称大王”、“阳春白雪，和者益寡；盛名之下，其实难副。”都透露了毛泽东超越历史时的那种高处不胜寒的心境。

这种前无古人，后无来者的孤独感，正是圣人自由意志在超越时代进程中的表现。绝对的自由意志包含在绝对的孤独之中，或者说，圣人的孤独是通向超越历史的唯一的通道。在中国的文字解释中，“孤”是王者；“独”是独一无二，超越与孤独并存。一个超越历史的人必须永远接受孤独，他不需要接受任何人的认同，也不可能得到这种认同；也不需要得到任何人的怜悯和同情。圣人的孤独并非是一种空虚和寂寞，而是一种自为的状态，所谓自由意志正是一种自觉和自为。只有当一个人处于超越历史的时候，他的思想才是自由的，他的行为才是自为的，因为他面对的是真正的自我。人类的一切思想都源于“本来的自我”。在宋明时期的新儒学、刘宗周的哲学、李氏朝鲜王朝的李退溪的哲学里，这种与“本我”的对话，被归纳为“慎独”的学说，也就是达到一种被崇敬的回归人的本质的精神状态。

鲁迅在《野草》一书中引用匈牙利诗人裴多菲的诗句：“绝望之为虚妄，正与希望相同”，可以看做是鲁迅对超越思想的理解。用鲁迅自己的说法：于浩歌狂热之际看到严寒，于天上看见深渊，于一切眼中看见无所有；于无所希望中得救。鲁迅将自己微妙的感觉、情绪、难以言传的心理、意识、心态与情感、愤怒与焦躁、伤感与痛苦、苦闷与仿徨、探索与追求，都溶入到对人的本质的回归和对历史的超越之中。毛泽东和鲁迅一样，既感觉到了现实与理想之间的虚无，要在这种虚无与绝望的现实生活的压力之下，致力于求索一个民族的更生，一个国家的复兴，一个古老文明的新生之路。一个超越时代的圣人就是鲁迅笔下的手握盾牌的战士，盾牌的后方是生命的虚无，盾牌的前方是出路的虚无，战士要在搏击这种双向的虚无与绝望中寻找希望与创新。只有提倡与天奋斗，其乐无穷；与地奋斗，其乐无穷；与人奋斗，其乐无穷的毛泽东才最能够体验这种在超越时代意义上战斗的惨烈。

和一切处于新旧时代更替中的圣人一样，毛泽东彷徨于传统与现代的矛盾之间，不时地显露出在追求生命意义和政治意义的过程里的那种孤愤苍凉的焦虑，以及在无路之处走出路来的反抗绝望的自由意志和斗争精神，一种能动的“破旧立新”的哲学。

第七节 永远追求超越的自由意志

从历史上我们可以看到，圣人的自由意志往往是少数人超越现实的一种希望，在当时或在此以后的相当长的时期，都不会得到多数人的赞同，象柏拉图所说，真理可能在少数人一边。“希腊神话中诸神处罚西西弗不停地把一块巨石推上山顶，而石头由于自身的重量又下山去。诸神认为再没有比进行这种无效无望的劳动更为严厉的惩罚了”（A.加缪《西西弗的神话》）。圣人的作为与西西弗的形象很相近，他对民众充满着激情，经历无穷无尽的苦难，如孟子所说：“天将降大任于斯人也，必先苦其心志，劳其筋骨，饿其体肤，空乏其身，行拂乱其所为，所以动心忍性，曾益其所不能”（孟子·告子下）。圣人在经过无数次坚忍的努力之后，可能还是不能够得到大多数人的认同和理解。即使稍有所成，也如西西弗的巨石一样，只在成功的顶点作短暂的停留，又向下面的世界滚去，而圣人则必须把这块被称之为历史使命的石头重新推向山顶。这种将历史命运作为自己命运的选择，成就了圣人超越自我的自由意志。只要还有人类生存于地球之上，西西弗的神话象征就将一直矗立在人类的记忆里。人类的历史有多久远，圣人自由意志的努力就已经有多少年。

《山海经》中夸父追日的故事，在中国广为认知："夸父不量力，欲追日影，逐之于隅谷之际。渴欲得饮，赴饮河渭。河渭不足，将走北饮大泽。未至，道渴而死。弃其杖，尸膏肉所浸，生邓林。邓林弥广数千里焉。"《山海经·大荒北经》

理解历史认识的本性需要我们"超越客体概念和理解之客观性概念而走入主观性和客观性之相互依存性的方向"（加达默尔）。中国古典中"知其不可而为之"的信念，就是对这种主观性与客观性相互依存现象的说明。夸父追日的故事正是在一个"知其不可而为之"（《论语·宪问》）的精神领域，生动鲜明地表现了圣人追求超越的自由意志。古代人并没有把夸父当做圣人，甚至认为他的追日行为是一种"不量力"。

我们来看，夸父的这种"不量力"是对无限与未知的追求，正是今天的社会所迫切需要的；而且象夸父这样求取永续能源的英雄人物，正是今日世界的圣人。圣人并不是需要得到了成功的保证，或者获得大多数人的支持才投入到奋斗之中去的。在圣人眼里，理想与希望比成功更为重要。圣人里面有政治领袖，但是，更多的圣人只是一个象"夸父"那样的追逐太阳的理想者。他独自一人，朝心中的终极目标奔跑而去，他要改变日出日落这一现象。一路上，他不肯停歇，也从不停歇地追随着自己的理想。最终，他因为生命之泉的干涸，经不住焦灼的思想渴望的煎熬，倒下死去，巨大的身躯形成了一片无边无境的桃林，为后代人造福。

太阳象征着一种最高的理想和希望。夸父在"留住太阳"这个信念的驱使下，义无反顾地奔跑、追逐。这里包含一种超越现实的献身的壮烈和为人类造福的激情。夸父追日，不是为了赢得荣誉，也不是为了名垂青史，而是为了证明自己的力量，为了改造这个现实世界，为人类社会多留住一些光明。如果我们设想，夸父并不知道，不论他怎样追逐，太阳也不会因他而留下，他只是一味地要靠近那个“留住太阳”的内心命令，接近灼热的太阳的内心渴望，那么，这就是一种自由意志的献祭。

在跨越时代理想的追求上夸父是孤独的，他没有支持者，没有追随者，也没有反对者。因为是一种“不量力”的行为，所以没有能够理解他的人，他也不要求有人理解他。他追日，为的是满足心中渴望太阳不要落下去的强烈愿望。这个愿望因为夸父看到太阳落下，突然诞生，历史上很多人认为，这只是一个怪人疯狂的念头。可是，我们从夸父死后身躯化为桃林一事就可以看出，他“追日”的选择不是为了显示自己，而是希望为人类驱除黑暗，如果做不到，那就给后人一片荫凉，一份甜美和水分。因此，永远存在的太阳成为他追日的动力，形成了他实现人的本质选择，表现了他超越现实的创造力量，体现了他造福人类的博大精神。这种“知其不可而为之”的圣人的自由意志，也是人类之所以伟大的地方。

结　语

圣人自由意志的历史发展，是人类追求人的全面发展的思想实践。有关圣人的理念无论用什么形式出现，最后都一定会归结到人的无止境发展的可能。圣人的自由意志正是人通过实践、特别是道德实践改造人的存在，以体现人的本质。如马克思（1818～1883）所指出：“人则使自己的生命活动本身变成自己意志和自己意识的对象。”“有意识的生命活动把人同动物的生命活动直接区别开来。正是由于这一点，人才是类存在物，他才是有意识的存在物，就是说，他自己的生活对他来说是对象。仅仅由于这一点，他的活动才是自由的活动。异化劳动把这种关系颠倒过来，以致人正因为是有意识的存在物，才把自己的生命活动，自己的本质变成仅仅维持自己生存的手段。”（1844年经济学哲学手稿）圣人的理念正是人类对自我本质的一种追求，是人为了克服异化劳动，异化的生命，克服将自己的本质变成仅仅维持自己生存的手段的一种自由意志。因此，圣人观念应该包含有三种不同的意义：一是内圣，通过学习与实践回归人的本质；二是外王，带动社会发展造福于全人类；三是日新，成为超越历史局限的创新力量。三者相互联系，不可或缺。圣人以及圣人自由意志的出现不是为了解释这个世界，而是为了改变这个世界。

第九章

青年现象中的超越与创造

引　言

青年是一个不断创造其自身存在的自由主体。新的一代处于创造自己社会生活条件的过程中，而不是从现有条件出发去开始他们的社会生活。青年不是在上一世代的生存环境中再生产自己，而是从中展开尚未完成的人的全体性的构想。如同是他自己的劳动的结果一样，青年应该理解为是他自己超越与创造的结果，是面向未来的自我形成。只有通过历史唯物主义的“理解”，才有可能深入青年的生活实践和经验世界，解释青年世界的“超越与开放”。

第一节 处在“绝对运动”之中的青年现象

马尔库塞（1898～1979）认为：“人就其定义（他是永恒实现他的可能性的自为存在这一事实）看，不外是自我创造。”[①]这里，我们要指出的是，单个的年青人、无论是现实中的或是抽象中的个人，并不具备青年的本质，所谓青年或青年的本质只包含在共同性中，包含在青年的群体之中。青年研究是将青年的感性的生活世界，理解为构成这一世代交替中青年共同的、历史的运动。

青年是一个不断创造其自身存在的自由主体，同时也不断创造其生存的环境；青年现象是人从自在存在过渡到自为存在的社会过程。以自然科学方法为基础的青年研究的特征是对青年现象的“说明”；而以社会科学方法为基础的青年研究则是对青年现象的“理解”。近代社会与现代社会的青年现象都说明了，在每一个时期的世代交替过程中，新的一代的“人们还处于创造自己社会生活条件的过程中，而不是从这种条件出发去开始他们的社会生活”[②]。因此，只有通过历史唯物主义的“理解”，才有可能深入青年的生活实践和经验世界，解释青年现象中的超越与创造。“青年”现象的产生，说明了“人不是在某一种规定性上再生产自己，而是生产出他的全体性；不是力求停留在某种已经变成的东西上，而是处在绝对运动之中。”[③]这里的“生产和再生产”所指的是作为整体的人在青年阶段的发展与创造的方式。从青

① 马尔库塞《现代文明与人的困境》p12，上海三联书店1995年。
② 马克思《经济学手稿》（1857～1858）《马克思恩格斯全集》第46卷上册p109，人民出版社。
③ 马克思《经济学手稿》（1857～1858）《马克思恩格斯全集》第46卷上册p486，人民出版社。

年的“绝对运动”或“超越创造”的意义上说，青年研究是一种对人所拥有的无限可能性理解的理论，“理解”是世代交替中“现在”与“未来”的媒介，而人的全面发展的历史意识是这种理解的基础和构造。

世代概念是生命的生产过程中的一种自然与社会关系。如马克思所说：“生命的生产—无论是自己生命的生产（通过劳动）或是他人的生命的生产（通过生育）—立即表现为双重关系：一方面是自然关系，另一方面是社会关系。”[①]同时也是在现世秩序中的价值与超越秩序中的价值的比较与交替之中，寻找人类发展的方向。这种与宗教文明、物质文明相平行的现象，被称之为生命文明。青年现象在许多方面与这种生命文明有着紧密的关联。如雅斯贝斯所说：“这里，人们通过创造性的想像力，试图对人性的主要特征进行初步的透彻分析。接着，人们以同样的方式，把这些想像力当作假设来运用，以弄明白它们使历史的真实遗产和真实进程变得可以理解到何种程度。”[②]

世代交替的历史中所出现的传统价值的连续性与非连续性，说明了青年研究中超越与创造理论的重要。日本哲学家三木清（1897～1945）在《构想力的论理》中认为：“没有传统就没有真正的创造，没有创造也不会有真正的传统。”指出了正是以这种传统的非连续性为契机，使得创造与超越成为可能。青年现象中的超越，是面向未来的超越；青年现象中的创造，是应对未来的创造；如同真正的人是他自己劳动的结果一样[③]，青年应该理解为是他自己超越与创造的结果，是面向未来的自我形成。个人的发展，人的社会发展，其“美好和伟大之处，正是建立在这种自发的、不以个人的知识和意志

① 马克思、恩格斯《德意志意识形态》、《马克思恩格斯选集》第1卷p34，人民出版社1997。

② 雅斯贝斯《历史的起源与目标》p41，华夏出版社。

③ 马克思《1844年经济学哲学手稿》、《马克思恩格斯全集》第42卷p163，人民出版社。

为转移的、恰恰以个人互相独立和毫不相干为前提的联系，即物质的和精神的新陈代谢上”[①]。世代交替正是人类发展过程中的一种新陈代谢，所谓青年现象中的“超越”，就是不以人的意志为转移的一种发展形式，也就是马克思常说的，全面发展的个人，属于人的发展的一定阶段，不是自然的产物，而是历史的产物。

“时间是人类发展的空间”（马克思）。青年现象的出现说明了人的存在的基本特征是时间性的、有方向性的。时间本来就不是一个客观的存在，而只是表达了人的生存有限性。每一个青年问题的研究者，都会在青年的年龄规范上花上很多工夫，从生理学、心理学、社会学、政治学等各个角度寻找根据，以确立青年研究的出发点。毛泽东关于青年是早晨八九点钟的太阳一说，是对青年性质的经典表述，指出了青年的时间性是让未来决定自己现在的存在。法国文学家加缪（1913～1960）在《西西弗的神话》中指出，在人类精神的进化过程中，“开始”是至关重要的。生活启发了人的意识运动，而随后的活动可能重新套上枷锁，或者就是最后的觉醒。人是向着未来而生存的，对人来说，他的相对时间立足于青年时代，在青年时代取得自己的地位，并将希望寄托于明天。一切伟大的行动和一切伟大的思想都拥有一个微不足道的开始，青年现象就是属于连接着人类伟大事业的一种“开始”。由此可见，青年现象的目的是将人从有限的“围城”中解放出来，进入到有实践意义的真理领域，无论是在道德经验，还是社会实验。因此，青年现象中最明显的特征是选择、自由与超越。这种超越性是和青年的未来性联系在一起的，这种超越性、创新性是一种面对未来的实践指向。没有这种超越性就没有“青年”。如同法兰克福学派的马尔库塞（1898～1979）在

① 马克思《经济学手稿》（1857～1858年）、《马克思恩格斯全集》第46卷p108，人民出版社。

20世纪70年代后期指出，在缺乏批判性和超越性的单向度社会里没有青年一代，只有18～28岁的人。在世代交替中，青年现象不存在明确的时间界限，也没有固定的起点与终点；青年现象的内涵与外延是随着其超越与创新的过程，随着其历史使命而变化，从而创造青年一代的历史。“历史不过是追求自己目的的人的活动而已”[①]。

第二节　青年是感性世界自发与自觉的产物

青年现象是人类觉醒意识的产物，是一种超越现实世代的，具有未来方向性的实践意识。在20世纪80年代的中国青年中，一个非常醒目的关键词是“理解”，它出现在几乎所有对大学生的社会调查之中。与自然科学的本质是“说明”不同，青年研究的课题是“理解”，对“理解”的需求就是一种历史感情的表现与自觉。无论是希望“理解”，还是期待“被理解”，都是过去与现在的媒介，是世代之间世界观、人生观融和与发展的表征，是青年现象超越性的载体。美国心理学家弗洛姆（1900～1980）曾将这种有方向性的意识形态称之为异化：“异化的另一个例子便是希望的异化。在这种异化中，未来成了人们崇拜的一个偶像。”[②]我们不能同意这样的论点，因为代表这种未来方向性的青年，以及这种青年现象所体现的“希望”，正是人类在世代交替中用一种群体现象、一种运动方式来克服人的异化，解决社会的创新与发展的问题。“理解”与“希望”都属于青年现象的超越性，是青年思

---

① 马克思、恩格斯《神圣家族》、《马克思恩格斯全集》第2卷p166。

② 弗洛姆《在幻想锁链的彼岸》，湖南人民出版社1986年。

想运动的重要组成部分。

我们注意到18世纪“青年”概念在欧洲出现时，欧洲的人口是4亿6000万，占当时的世界人口的1/4，而青年人口占一半以上，同时也是工业革命开始普及，近代化开始的时期。在科学研究领域中，社会科学的超越性是相对于自然科学的精密性而言的。近代化是一个个人从传统共同体中分离的过程，也是新的共同体出现和个人向共同体回归的过程。“青年”的概念，即是一种新的共同体的出现，也是一种年轻人向共同体回归的现象，用哲学语言来说，是一种作为共同体的个体存在。如果我们将人的全面发展作为人的存在的终极目的的话，那么青年的概念，就是对人的存在意义的理解与实践；就是人的全面发展的实践理性和实践主体。近代的青年是以自由的理性为基点，促使理想自我的形成。青年与近代以前的士大夫、君子等不同，不仅是伦理意义上的人格形成，而是在人的存在的全体范围内，在政治、社会、经济等各个领域的价值和意义之中形成自我。“关于人性本善和人们智力平等，关于经验、习惯、教育万能，关于外部环境对人的影响，关于工业的重大意义，关于享乐的和理性等等的唯物主义学说，同共产主义和社会主义之间有着必然的联系。”[①]也和青年现象有着必然的联系。自近代以后，青年成为世代交替中创造新价值的实践理性，以及将新的价值导入社会的实践主体。

青年现象的产生是由生产力、社会状况和社会意识的发展阶段所决定的，其中社会分工是划分青年与成年的一条分界线，可以说没有近代资本主义生产的分工，就没有“青年”。“人在发展的早期阶段，单个人显得比较全面，那是因为他还没有造成自己丰富的关系，并且还没有使这种关系作为独

① 马克思、恩格斯《神圣家族》《马克思恩格斯全集》第2卷p166。

立于他自身之外的社会权力和社会关系同他自己对立。”[1]分工使物质活动和精神活动、享受和劳动、生产和消费由各种不同的人来分担的这种情况成为现实，从而促进了、私有制和国家等等异化现象的产生。处于社会分工之前的青年，从人的本能出发抵御这种异化现象。“只要分工还不是出于自愿，而是自发的，那么人本身的活动对人来说就成为一种异己的、与他对立的力量，这种力量驱使着人，而不是人驾驭着这种力量。”[2]青年作为人的全面发展的实践理性与实践主体，以自身所具备的人的全面发展的“原始的丰富”（马克思），超越浪漫主义观点的局限，开创新的社会价值的领域，“生产出人的全面性”（马克思）。

自19世纪末青年现象和青年运动出现以来，在欧洲、苏联、日本、中国、美国等地发展的非常迅速；而在北欧、非洲、南美洲、大洋洲、印度次大陆、东南亚等地的青年运动却没有能够得到发展。其中，印度的传统文化是一种突出超越性的文化，这也许是印度青年现象不发达的根本原因。相反，中国传统文化的历史意识和继承性都非常坚韧，因此到了近代出现了具有强烈超越意识的青年现象，这种青年现象的鲜明性、持久性超过了世界上任何一个国家和地区，显示出强大的生命力。这从一个侧面说明了社会现代化和青年运动并没有必然的联系。但是很少有人注意到，第一次世界大战、第二次世界大战的主要领域都发生在青年运动比较发达的地区。也就是说，是发生在人的主体性得到比较充分发展的地域，在20世纪“青年”成为战争的主体。从古至今，各种规模战争的主体都是年轻人，但是，只有掌握具有超越理论以及在情感领域得到充分发展的“青年”，才可能在世界范围内参

① 马克思《经济学手稿》（1857～1858）、《马克思恩格斯全集》第46卷p109，人民出版社。
② 马克思恩格斯《德意志意识形态》、《马克思恩格斯选集》第1卷p36，人民出版社1997年。

与一场全面的战争。对青年产生影响的并不仅是民族主义和意识形态，当时的青年希望通过战争的手段达到对现实生活局限的超越，在战争中实现平等和自尊；通过战争摆脱平庸，“创造”自己和自己的世界。

第三节　青年现象与人的主体性发展的关系

道德作为一种人与人之间交往的意义，起到了缩减世界复杂性的作用。中国这么一个大国，如果没有道德的作用，是不可能维持3000年之久的文明史的。共同行为规范，共同的社会意愿，共同的价值准则，道德是在与他者交往的各种体系中，最简洁、复杂性最小、消耗资源最少的一种方法。内容、社会、时间，三个不同层次的关系。主体同一性包括语言能力和行动能力，以及与他者的主体之间的关系。人类世界在其历史进程中，制度和体制的复杂性在不断地增大，学习行为和青年现象就是对这种复杂性的缩减过程。用乔姆斯基的语言学的主张，一个人运用语言的能力是靠内在资源，而不是社会化的结果，学习语言不是模仿，而是创造、再创造。这样的学习理论对青年主体的研究具有参考意义。

青年现象背后的内涵是一种反异化的精神，在世代交替的磨合过程中，由于社会复杂化的增生而产生的价值系统的崩溃，自觉地建立一种新的价值系统，形成一种社会价值认同。青年现象是展现人的内在可能，突出人的全面发展的各个阶段，重视人类解放的价值，将现有的社会和文化结构进行创造的转化。青年作为一种近代历史现象对资本主义的兴起，社会主义的兴起，对人的现代化以及全面发展的进程，起到了有超越意义的作用。

如果用超越论哲学的代际理论来看待青年，就可以发现青年不是被启蒙的一方，而是具有启蒙使命的一方。所有青年运动的目的都是力图在推动历史的发展中，推动人的发展进程 。青年对“意义”的把握，以及对意义的实践，往往超越了当时的实际目的，而对长远的社会发展产生影响，成为未来生活世界的价值构成。“意义”是一种内在的超越性，也是生活体验的产物。尼古拉斯·鲁曼（1927 ~ 1998）认为，任何体验都有意义的存在，“不存在没有意义的体验”[①]。减少世界的复杂性是鲁曼社会学理论的核心。近代文明带来了巨大的社会进步，但是也造成了社会系统复杂性的增加，出现了生命系统与社会文化系统的差别，突出表现在成年人与非成年人之间的贫富差别，以及年轻人的高失业率等问题。这种由于政治、经济、社会系统的复杂性所造成的不仅是年轻人成长的困境，而且也带来了世代交替的困难。为了不出现人类生命系统的断裂，出现所谓的“代沟”，近代文明同时诞生了“青年”。与少年、成年、老年等概念不同，前者几乎是和人类文明一同走来，经历了古代、中世、近代到现代；而“青年”作为一种具有社会意义的理念出现，一直要等到近代社会，才被广泛地得到认可。因此，青年的出现是对复杂性的一种抗衡，是超越性理论的一种实践，成为社会创新的主体。

意义的意义是价值理性，是对人的存在的认识，是认识到人本身是人的最高本质。因此，具有价值理性的意义从语言中独立出来带有青年的历史使命感的象征。青年所感受到的意义来源于他们的感性世界，而不是形而上学的理论。意义和价值是青年在感性世界中的自发与自觉的产物。“既然人是从感性世界和感性世界中的经验中汲取自己的一切知识、感觉等等，那就必须这样安排周围的世界，使人在其中能认识和领会真正合乎人性的东西，使

① 哈贝马斯、鲁曼合著《批判理论与社会制度理论》p37，日本木铎社1997年。

他能认识到自己是人。"[①]这种感性世界的意义被导入社会学的理论，在意义世界和对象世界之间进行重新构成。青年集团的共同意识、集体关心都是一种对"意义"概念的理解与解释，中国古代思想中的"志"也是一种对"意义"概念的认识和价值志向。《论语》中孔子的"吾十五志于学"一说，可以看做是人从生物的存在过渡到意义的存在的一个标志，因为它确定了人格发展的层次、方向和终极目标，人格的形成是对意义实践的结果。因为作为价值理性的"意义"超越工具理性和制度理性，道德意志可以使社会复杂性得以缩减，所以"青年"作为一种意义的存在，作为一种创造意义的存在，必然肩负着缩减社会复杂性和促使社会进化的历史使命。志向，是个人的主体性与他人的主体性拥有同一意义的主题，形成意义的同一性，形成世代之间的对话。

世代交替是一种同心圆扩展的过程，因此，世代交替的价值重叠部份要远远大于分歧的部份。世代与世代之间的核心价值是一致的，而外围是开放的、进化的。由20世纪60年代欧美的青年运动所产生的"代沟"理论，并不能解释为何西方社会没有产生无政府主义的现象。在世代交替的时空交汇点上，世代的观念是非常具有弹性的，在应对现实的挑战时，代际的长短会出现变化，但代际之间的重叠部份，世代之间的共同经验肯定要大于价值的断裂部份，如同两个同心圆的扩展。这是因为代际之间的核心情感价值永远是重叠的，儒学将其称之为良知，佛学称之为佛性，近代哲学称之为生命价值，这是人类的共同经验，而相对于工具理性或社会制度的价值观念，就会出现分歧和断裂现象。所谓代沟，应该是指青年的情感价值与社会的制度价值之间的冲突与分歧，这种情感价值是人类共通的。

① 马克思、恩格斯《神圣家族》、《马克思恩格斯全集》第2卷p166，人民出版社。

在青年研究中，对青春期的研究占了很大的部份，集中在由于身体的变化所引起的情感变化，从生物性质的人向社会性质的人的转变。青年现象是发现了身体的重要性，特别是发育中身体和心理的重要性，这是近代化和现代化所不能解决的根源性问题。青年现象面对的，也就是马克思所担心的人的异化现象也是在这个时期发生了。进入成人社会后从事的社会分工，担任的社会角色，使得人服从于工具理性和制度理性，产生了人的异化现象。因此，青年现象带有批判性和挑战性，就是为了减少在文化传承中的异化现象。

在世代交替中青年是一个文化的观念，是一个情感的观念，在不同的民族，不同的语言，不同的社会背景，不同的阶层，不同的历史中，不仅对青年的认识会出现差异，而且青年本身也是一个在不断发展中的非稳定结构。青年作为一个文化和情感观念的发展过程，对理解人的生命形态在建构社会理论的事业中具有关键性的作用。青年现象的价值在于创造文化价值和情感价值，通过社会、经济、文化来展现人的内在可能，以达到人的自我完善。因此，青年现象有一种革命倾向，要解放人的心灵，开拓新的价值领域，要改造中国与世界。这种新的精神和新的思想在青年的世界中对人的可能性进行全面的理解，在多样性的广度和开放性上创造一个发挥自我潜能的社会。

不仅青年和青年世界是一个开放系统，青年研究也是一个开放性的思考模式。引入青年世界的观念，是建构世代交替理论的基石。青年世界不能完全规范化，所以不能完全纳入社会的制度系统和工具理性范畴。青年世界是感性的、艺术的、美学的领域，美感的经验是直觉的、青春的，因此青年的超越现象也是直觉的，是表现为感性对规范性的理性的一种批判，在世代交替中成为一种突现进化。无论东方还是西方，只有青年可以不依靠哲学家、思想家，有可能在思维模式和行为方式上获得突破；和哲学家相比，青年更有可能对西方的意识形态或普世价值提出挑战，成为社会创造转化的动力源泉。青年世界是一个解构的世界，也是一个重建的世界，不了解青年世界就不可能理解人类创造性的进化过程。这就是我们为什么这么多年一直在考虑青年的意义，青年在过去、现在和未来的意义。

任何文明对精神世界的理解都是不全面的，人的发展也只能是片面的，被职业、角色、地域、环境所制约。青年的原生态应该是一种动态的形式，因此青年的价值取向、价值结构、价值系统在流动过程形成的文化资源和精神资源，具有一定的转化世界的功能。在发展中国家，青年最先具有现代人的意识形态；在发达国家，青年最先展现了后现代人的思考方式和生活方式的原型。

第四节　青年发展与超越进化

斯宾格勒（1880～1936）认为："因为只有青年才有一个未来，且才是未来，故而他也是那有方向的时间和命运的谜一般的同义词。命运永远是年轻的。谁用单纯的因果链条来代替命运，谁就甚至在还未实现的某物中一事实上也只能看到旧的、过去的东西一方向即是渴望。"[①]世代与世代之间的交替和连接，在价值体系上有其相同性、重叠性，也有相对独立的、具有方向性的价值倾向。这种相对独立的价值倾向，与其称之为"代沟"，还不如认为是一种"超越进化"。只有通过对文化传统的解构与重建，才有可能出现具有超越上一代人。马克思对世代交替的认识是："历史的每一阶段都遇

① 斯宾格勒《西方的没落・世界历史的问题》第4章p130，陕西师范大学出版社2008。

到有一定的物质结果，一定数量的生产力的总和，人和自然以及人与人之间在历史上形成的关系，都遇到有前一代传给后一代的大量生产力、资金和环境，尽管一方面这些生产力、资金和环境为新的一代所改变，但另一方面，它们也预先规定新的一代的生活条件，使它得到一定的发展和具有特殊的性质。由此可见，这种观点表明，人创造环境，同样环境也创造人。”[①]这个论点表明了世代交替中所提出的各种不同的问题，需要在两个或两个以上的世代得到解决，新的一代不仅是作为继承者，更重要的是作为创造者体现自己的历史使命。

《纽约时报》（2013年5月5日）以《无所事事的美国年轻一代》为题，报道了美国的年轻人25～34岁的失业人口比例，在过去的12年中已经超过了欧洲大部分国家。2011年年龄在25～34岁之间的美国人中26.2%没有工作，加拿大是20.2%，德国是20.5%，日本是21%，英国是21.6%，法国是22%。但是，美国大学毕业生的官方失业率只有3.3%。不过民意调查显示，低迷的就业形势最值得注意的一面是，受其影响最严重的二三十来岁的美国人，依然保持着坚定的乐观情绪。他们比老一辈人更充满希望，认为这个国家的未来会比过去更美好。这个例子在一定程度上说明了社会共同价值取向的强韧性，即使在困难时期，也并不为经济和社会的现状所左右，依然具备着时代的超越性。

青年的发展方向是一致的，那就是人的全面发展。这个主题是永恒的、整体的、动态的、不可变易的。但是，每一代青年的发展过程又是暂时的、有限制的、会发生变化和分歧的。所谓“前途是光明的，道路是曲折的”（毛泽东）的话语，大概就是这个意思，没有深奥的地方。在整个社会系统

① 马克思、恩格斯《德意志意识形态》、《马克思恩格斯选集》第1卷p43，人民出版社199。

里面，青年始终是作为一种开放系统存在的，作为防止社会由于其复杂性的增幅变为封闭系统而存在的。这是维持人类社会不断发展的基本保证。青年世界的“超越和开放”，不是一种宗教形态的意识，这种境界表现为社会运动和实践，是人与环境的生命形态的自然反映。在现代社会里，具有普遍性、群众性的青年现象取代知识分子的精英群体，在社会各个层面起着具有超越意义的转化作用。和多元化的知识分子的作用相比，青年现象更具有时代的超越性质，这就是人们将青年和希望的理念联系在一起的原因。如果用现代化的课题来说，其中最重要的人的现代化，既人的全面发展的准备阶段。

世代是一个随着时间的进化而发展的统一体，开放的、可变的青年世界与相对封闭的成人世界的差异，维持着世代交替的相辅相成的关系。从青年形成的历史来看，中央集权的国家，或者帝国主义国家都产生了非常鲜明的青年现象，如英国、法国、意大利、德国、俄国、中国、日本、美国等国在100多年的历史进程中，都有着多次全国规模的青年运动。反之，如北欧、新西兰、大洋洲的澳大利亚等国的政权力量相对分散，缺乏外部危机的国家，就很难产生青年运动。产生青年现象和青年运动的主要是有着帝国传统的国家，具有高度中央集权政治体系，政治文化在一般人的日常生活中占有很高的比例。政治文化抚育了青年，这些国家的青年现象首先是作为超越现实政治的行为而出现的。

此外，宗教与青年现象也有其相关性。印度传统社会的宗教超越性的强化与青年现象的相对弱化，给予我们一个很好的参照物。与中国相比，印度有着同样漫长的文明史，有着相似规模的人口、国土面积，近代又同样遭遇了殖民主义和半殖民主义的侵略。但是，和中国风起云涌的青年运动相比，印度的青年现象是非常模糊的，没有能够形成相对鲜明的政治文化。在印度，宗教文化在很大的程度上取代了政治文化，也取代了青年现象所必须具有的超越性质。中美洲和南美洲宗教改革势力十分强烈，天主教的解放神学有着很大的影响力。也许是天主教文化的影响，中南美洲的青年也没有能够形成比较独立的政治运动。

在人类文明的世代交替过程中，青年代表着一种超越的实体，是一个开放的系统，青年运动是一种对超越的向往与实践；青年是人类走向全面发展过程中的实践理性和实践主体。青春期里的自我同一性，扩大到青年或世代交替中，就是文明共同的价值取向。在文明共同价值取向和精神文明的进化中，突现进化、超越突破是关键。基督教、伊斯兰教、佛教以及儒家文化都代表着各自不同的对超越的向往，但只有到了近代社会出现了“青年”的概念与现象，才真正明确了超越的实体，以前所未有的频率加速了社会和文明的进化。在此之前数千年里，这些工作都由知识分子来完成，由那些被理论化了的人群去理解和创造，直到“青年”的出现。借用马克思关于基督徒是理论化的犹太人的论述[①]，在某种意义上也可以认为青年是被理论化的年轻人。不同的是，基督教从理论上完成了人从自身和自然界的自我异化，而青年现象则是从实践中实现人的全面发展的理想形式。因此，不存在个体的“青年”。青年心理学研究的是个体的年青人自我认同的问题，而当我们将“青年”作为一个主题时，青年就是一个群体，一个世代的概念，一个公民社会的雏形。从思想史的观点来看，世代交替的意义在于对传统思想本身进行反思，对社会的信仰和终极关怀进行反思。这种对社会主流价值的反思就构成了超越的前提，“五四运动”中批判儒学、打倒孔家店的行为就是一例，通过反思的方式来把握世界与改造中国。对青年研究者来说，五四运动

① 马克思《论犹太人问题》、《马克思恩格斯全集》第1卷p450，人民出版社。

可以从各个不同的角度和立场来诠释青年现象和青年运动的意义。1906年列宁在《孟什维克主义的危机》一文中，引用恩格斯在反驳一个德国立宪民主党人时说："在我们革命政党中青年占优势，这难道不自然吗？我们是代表未来的党，而未来是属于青年的。我们是革新者的党，而总是青年更乐于跟革新者走。我们是跟腐朽的旧事物进行忘我斗争的党，而总是青年首先投身到忘我斗争中去。"[①] 青年是未来的创造者，也是自身的创造者。人的全面发展的可能性在于人有自由去把握这个发展，由于人从物化或者异化中的解放不是几代人所能够完成的，因此，青年就成为这种超越历史的承担者，革命就成为人的主体自由精神的一种社会实践。唯有在创造中，青年才可能变成现实的人，他才在历史的发展中获得自己确定的位置和角色。对青年来说，全部问题在于在继承中改造现存世界，在超越中为人类的全面发展创造物质与精神的条件。"每一代都在前一代所达到的基础上继续发展前一代的工业和交往方式，并随着需要改变而改变它的社会制度。"[②]

① 列宁《孟什维克主义的危机》、《列宁全集》第14卷p161，人民出版社1990。

② 马克思、恩格斯《德意志意识形态》《马克思恩格斯选集》第1卷p49，人民出版社1997

第十章

青年评价与突现进化理论

——以学习与创新为基础的世代更新

引　言

“青年”的概念是人的全面发展的实践理性与实践主体；对青年评价的过程，是对人的发展的终极目的探索的过程。青年评价的主要方法包括世代的条件、世代交替、世代的演进（突现–涌现–创发）等理论。对青年一代的评价，有三条路径：一是经过社会变革的临界点或临界区域的世代演化；二是演化的间断性；三是渐进的演化过程。世代演进中的突变性，以及非线型的演化路径，使世代之间的交替不可能是最优化的，而且充满了不确定性。我们生活的世界是一个有序的社会系统，而在世代交替中一代又一代地出现了具有超越性质的崭新的事物，这就是人在全面发展可能性上的进化。这样，突现进化理论成为青年形成发展过程中的一种普遍模式。

第一节 人的全面发展与青年现象

近代出现的青年现象是一种共同体的构筑与创造，作为青年的载体——世代也是一种共同体。如果从自然与现代社会的关系来看，青年是自然的存在者，而不是现代社会的所有者；是处在进入生产关系和生产活动的前阶段，是自然人向现代人转换中一个相对独立的阶段。在传统社会，这种自然人向社会人的转化，则不需要青年这个阶段。现代人是社会分工的产物，是社会分工所规定的角色所有者，如马克思所说，这个分工范围是强加于他的，他不能超出这个分工范围，“生活本身仅仅成为生活的手段”[①]。青年的自然性质体现了生命活动的性质，这种特性“就是自由的自觉的活动。”青年的特殊性就在于没有成为近现代经济社会分工的产物。青年运动就是一种“不仅象在意识中那样理智地复现自己，而且能动地、现实地复现自己、从而在他所创造的世界中直观自身”[②]的社会实践。20世纪青年运动的历史是一部燃烧着挑战精神和远大理想的对人的全面发展进行社会实践的历史。

20世纪初所出现的青年崇拜的现象，是近现代社会中的人们对纯粹的人、抽象的人、自然的人的憧憬和崇拜。20～21世纪初期，各国青年运动的出现是自发的，因此，青年现象本身就是一种历史的“突现”，一种连接世代与世代之间的，继承与创新的历史现象。世代与世代之间的交替并不是对知识的反省，或是对传统简单的模仿，而是一次次对人的发展可能的探索和

① 马克思《1844年经济学哲学手稿》、《马克思恩格斯全集》第42卷p96，人民出版社。
② 同上。

挑战。如果仅仅是继承的角色，如果没有出现代沟等世代之间在价值观上的巨大差异，青年现象就不会很突出。但更为重要的是，青年现象是一种对人的全面发展的可能的崇拜与实践。如何使得这种愿望能够变为可能，各国政府以及政党都进行了全面的研究与组织，希望通过一两代人的努力，通过合理的教育如集体主义或个人主义的精神，创造出一代新人。从19世纪末的德国青年运动开始，日本、苏联、中国等国家在20世纪的100年中，进行巨大规模的实践。其中，发达国家的青年运动在20世纪70年代大致停止；中国的青年运动到20世纪90年代也逐渐转型，但国家对青年的组织与实践并没有停止。到了21世纪，阿拉伯的青年运动突然兴起，又很快的平息。在第二次世界大战之后，除了中国等社会主义国家以外，各国的青年运动大多是属于反体制的运动，是一种世代交替时出现的代沟。而中国等社会主义国家则更多的将注意力放在人的全面发展的可能性上，继承了早期青年运动或青年崇拜的理念，在集体主义等政治与道德的教育中体现这种可能性。

如果我们确定历史的终极目标是人的全面发展，而青年是参与了创造近代和现代历史的话，那么，21世纪的青年研究是否应该从人的全面发展与青年的关系入手呢？或者以人的全面发展作为青年评价的主要依据？人的全面发展是一种幻想，一种神话，一种可能。人的全面发展与青年是否有必然的联系？是否应该通过青年来达到这个目的？在21世纪青年作为一种理念是否还应该继续存在下去？或者说近代或现代国家的存在才是青年作为一种理念存在的理由；或者只是作为一种社会现象的存在。青年研究的核心是青年不仅是一种社会现象，还是一种社会理想和社会理念，是对人的全面发展的可能的一种社会实践。19世纪末期，从马克思到其他的主要思想家，都认识到当时的年轻人有可能超越上一个世代的局限，在物质上、精神上、身体上、社会上全面地超越前人，是一种至今为止从理论上对人所做出的最高的评价。青年作为一种社会理念就是在这种条件下出现的。

人的全面发展与青年是一种什么关系呢？是人的全面发展的理念出现才导致青年概念的出现；人的全面发展理念的实践，导致了青年现象和青年运动的展开。但是，这种对应的发展很快被近代国家的兴起所带动，被意识形态化、政治化、国家化，卷入到政治和军事斗争的历史变动中去，成为超越阶级社会的一种特殊力量。同时，在世代与世代的交替中，青年也成为新事物的载体，和旧时代显示出明显的基本价值观和生活方式上的代沟。当人们认识到某一个社会开始趋于保守化时，一般不是指这个社会成年人的保守化，而是指年轻人的保守化。如日本社会整体上趋于保守，从根本上来说，是和年轻一代的保守化分不开的。虽然日本青年的保守化是一种脱意识形态化、脱政治化的与社会融和且妥协的倾向。对为什么会出现年轻人的保守化倾向，有各种不同的解释，重要的是这种政治价值观的保守倾向的存在。因为它显示出这一时期的年轻人在一定程度上放弃了先锋的角色而满足于一种依存的地位。

青年的出现应该是人类思想史上的一件大事。在人的全面发展成为一种目标，成为一种可能的时候，青年作为一种实践的载体出现了。青年的概念，青年的本质，最主要的不是年龄的差异，甚至不是青春期，而是其没有被社会化、没有被角色化、没有被职业化，是社会分工前的“人”，是可以自由支配时间的人。马克思在《经济学手稿》（1857～1858年）中用大量的篇幅谈到了对自由时间的运用，是整个人类发展的基础；在共产主义社会里，财富的尺度不再是劳动时间，而是可以自由支配的时间。[①]因此，标志

① 《马克思恩格斯列宁斯大林论人性异化人道主义》p138，清华大学出版社1983年。

青年最大的特征是可以自由地支配时间的异化之前的人。德国青年运动的研究者W.拉卡指出："参与青年运动的年轻人，如果用现代的语言来说，就是在追求人格的全面发展。"①他指的是20世纪初期德国的青年运动的目的，是批判不能够帮助青年实现理想的德国社会。而克服由于分工所造成的人的异化，则是青年运动以及青年反抗的前提。

由于青年代表着人的全面发展的实践，又产生于近现代发达的社会关系中具有一定"纯粹的"人的自然因素，因此，"青年"的概念从一开始就带有一种精英意识，青年运动也始终带有一种社会先锋和时代潮流的意义。所以，历史上的青年运动和群众运动应有所区别，是代表未来世代的精英共同体和大众共同体之间的区别，应该有别于社会阶级和阶层的精英共同体。这种精英意识即是青年运动的特点，也是最大的弱点，使得青年运动在转向和溶入到群众政治运动时，开始脱离了对人的全面发展的实践和目的。

第二节　世代交替领域中"突现进化"的现象

历史学家将100年的单位称为"世纪"，社会学家将30年左右的单位称为"世代"，都是希望在一定的时间范围内解决人类社会所存在的现实和未来的课题，"时间是人类发展的空间"②。世代是一种人类的生命过程，世代的年龄存在属于生物学的范畴。同时，世代也是一种历史的存在，社会的潮流改变着世代的形态变化和世代进化的模式。在世代中，我们实现着自我的存

① W.拉卡《德国青年运动》p17，东京 人文书院1985年。
② 马克思《工资、价格和利润》、《马克思恩格斯选集》第2卷p195，人民出版社1997年。

在，尝试着传统的继承，文化的创造和生产方式的更新[1]。

对世代现象的研究是历史社会学的一个组成部份，或者说是历史唯物主义的一个方面。恩格斯对历史发展的认识是，“每一种新的进步都必然表现为对某一神圣事物的亵渎，表现为对陈旧的、日渐衰亡的、但为习惯所崇拜的秩序的叛逆。”[2]世代是一种人类历史的整体创造，这种创造来自突现进化的原理，或者可以称之为青年理论。

突现（Emergence）的概念是1879年生物学家刘易斯G.H.Lewes引进的。通过“突现—涌现—创发”的概念来解释由于个体、个别的现象，或者偶发事件确引发了影响全体和全局的结果；从简单的元素中产生出复杂的现象。刘易斯则把同质结果称为“合成的结果”（resultants），把异质结果称为“突现的结果”（emergents），认为前者可根据其结构成分加以预测，而后者不可预测。突现是一种不同质的“和”，具有“和而不同”的性质。

在早期的世代理论中，突现进化的过程是一个黑箱，能够观察到低层次的输入和高层次的输出，但不知道二者在突现过程中如何转化。因为，构成和形成世代现象的不仅是生物学上的年龄层，而是社会意识的发展。不同的意识形态在很大程度上决定了世代形成的统一性。作为世代运动的代表—青年运动，在不同历史时期的不同表现，就是世代在意识形态上的差异和变化。世代的形成，即有自然生成的一面，又具有意识形态的结合；当社会的阶级关系逐渐淡化，阶级状态逐渐重叠的时期，世代之间的关联就显得比较

① “世代”作为一个概念，至少在公元6世纪就已经出现了。如北魏时期的郦道元在《水经注》中就有“世代绵远”、“世代不同”；同时代南朝的钟嵘在《诗品》中有“略以世代为先后”的描写；北齐的颜之介在《颜氏家训》中也有“世代殊近”的说法。在唐代初年的《贞观政要》中谈到了“世代衰微”的现象，8世纪刘知己的名著《史通》里有“开国承家，世代相继”的句子，这一说法对“世代”的概念有了比较完整的诠释和定义。

② 恩格斯《路德维希·费尔巴哈和德国古典哲学的终结》、《马克思恩格斯全集》第21卷p331，人民出版社。

突出，而世代的最显著的部份—青年的意识行为就会产生社会运动。

和其他复杂性理论的研究不同，世代的突现理论的研究，或者青年现象的研究，不能或者暂时还不能使用数学模式。当然，世代与阶级不同，没有形成一种利益集团。反之，世代中包含有各个利益集团的成员在内，在行动中展现了各个方面的不同色彩。这种多元性质，使得对世代的研究，或者对青年一代的研究，在评价问题上出现困难。阶级的构成受到了社会的、经济的和政治构造变化的影响。而世代首先是一种生物学意义上的生命律动，与人的寿命、年龄、生与死的存在相关联，直接地是自然存在物。属于同一个世代的人，首先以出生的年月为基准，以人的自然性质对应社会现状和历史的时代性。每一个人都属于一定的世代，有着与年龄相符合的身体的、精神的、心理的变化，而这些都是与社会、历史的变化相关联。

世代之间有着一种不间断的运动，不间断地传递着传统文化，不间断地创造着新文化，不间断地消除旧文化，这就是世代的连续性。新的年龄集团作为后继的世代参与新文明的创造，以与上一代人不同的方式接触历史沉积的文化遗产。这种新型的接触方式是因为世代之间不同的生活体验与社会经验，处于不同的历史条件。这种被德国社会学家曼海姆（1893~1947）称之为“新接触”的特点，确立了世代思考方式、经验构成和基本志向，以及对理想社会的憧憬。每一个世代这种带有乌托邦色彩的社会理想，以及对这种社会理想的历史使命感，是世代现象最主要的特征。新的世代以理想社会为基准考察现实社会，以“新接触”来感受文化传统，形成了创造新文明的源泉。

被曼海姆称之为“乌托邦式思维”或“乌托邦心态”的概念，应该是青年世代最重要的一种精神状态，“他们的思维无法正确地诊断现存的某种社会状况出了什么问题。他们都根本不关注实际存在的东西是什么；就他们的思维而言，毋宁说他们早就寻求改变现存的情景了。他们的思想从来都不是对这种情景的诊断；这种思想只能被当作某种行动方向来运用。就这种乌托邦式心态而言，由一厢情愿的表象和行动意志引导的集体无意识，在其中掩盖了现实的某些方面。凡是有可能动摇它的信念或者抑制它那改变事物的欲望的东西，它都拒绝承认。”[①]这是青年世代所特有的一种公共价值精神状态，是创造的源泉。世代交替过程中，对价值判断和意义解释，对文化的理解都会有许多的不同，特别有了这种“乌托邦心态”，世代之间的交替才成为不断历史进化的意识承担者，才有了突现进化的可能。

生物进化学中对生物进化中出现的与以前不同的质的变化、变异、突现、不可预见性等概念称之为“突现进化”，有别于人为的“创造”。突现进化的理论一般多用于生物学、组织论和信息工程学；多出现在复杂性理论和不确定性的理论之中。在世代关系的研究中，不按常规，或者超越常规，从简单的行动过程中产生影响社会全体的青年现象，就是属于这种突现进化的领域。世代之间的交替以及变化，就是一种不确定的活动方式，是一种非线型的运动形式。世代之间的交替这种非线型的运动状态，以及青年一代的行为时时影响到社会环境的现象，理应成为对世代与青年研究的出发点。

1956年，艾什比在《控制论导论》中对突现作了如下说明：“突现这 概念从来没有人明确下过定义，但一下例子也许可以作为讨论的基础：①氨是气体，HCL也是气体。这两种气体混合在一起，结果得到固体—这是两种反应物原来没有的性质；②碳、氢、氧几乎都是无味的，但它们的一种特定化合物糖却具有一种甜味，是三者都没有的。③细菌体内20种左右的氨基酸都没有繁殖的性质，但它们合在一起（在加上一些别的物质）之后，却有了这

① K.曼海姆《意识形态与乌托邦》p54，中国社会科学出版社2000年。

种性质。”①

突现进化的作用是世代交替系统的多样性、不可预测性和差异性的表现，是新的世代作为一种生命系统和社会系统从无序走向有序，由低级有序走向高级有序，在世代交替中形成有结构的系统。世代作为一个复杂系统，它作为整体的行为，要比其中各个部份的行为复杂得多。突现—涌现—创发是异化的对立面，其本质就是由小生大，由简入繁。值得注意的是，突现进化现象是在没有一个中心执行者的条件下进行的。正如黑格尔所指出的，内在思想在转化为语言时必然会出现异化。在世代之间的交替中，青年一代在向成人世代交替和转换过程中，需要通过突现性来克服思想外在化时出现的异化倾向。因为，世代的系统功能之所以往往表现为“整体大于部分之和”，就是由于世代交替中出现了新的事物，其中“大于部分”就是突现—涌现—创发的新的事物。世代交替就是一种新的功能和结构的产生过程。由于突现的现象是以主体性的相互作用为中心的，所以它比单个行为的简单累加要复杂的多。

新性质的自发突现进化的理论比较接近于历史唯物主义中有关质的飞跃的理念，要求人们在观察复杂系统时，如世代问题，首先要从总体上把握它，不是沉迷于细节，而是直面总体现象。1923年摩根的著作《突现进化》中写到“突现尽管看上去多少都有些跃进（跳跃），最佳的诠释是它是事件发展过程中方向上的质变，是关键的转折点”。摩根把“突现”与“进化”结合起来，主张一种进化的宇宙哲学。他在《突现进化》一书中认为，突现是指当旧的成分或质体形成事物时，不仅是原有性质的合成，而且有一种新的性质，即新的关系与结构突现出来，这种性质在形成之前不能预测。世代交替作为一种人类社会的复杂系统，不断涌现—创发出以往没有的性质。由

① 庞元正等编《系统论、控制论、信息论经典文献选编》p474，求实出版社1989年。

于这种新的性质的出现，使得文化和文明的传承就会出现质的飞跃，导致人类历史的多元化和非线型发展。在世代或青年研究中，突现的概念是用于不能由社会系统已经存在的部份及其相互作用充分解释的新的形态、结构、性质的兴起。

第三节　世代或青年评价中的问题

上海社会科学院青少年研究所原所长金志堃认为，“近年来的青年研究重点之一，是如何正确的评价青年。这是青年问题研究最根本的方面。评价错了，一系列问题都会发生；反之，估计科学正确，其余的方面，就能顺利地有效地展开。正确评价和认识青年是这个学科的核心部分，围绕这个中心，就能形成一个具有内在联系的青年研究学科体系”。“处于多元文化的大环境下，不能用静止的、孤立的、片面的观点来评价青年；要在社会动态中，要用与时代发展的具体要求相结合的方法去把握青年的主流与本质特征”。①

对世代问题以及世代交替中最为突出的青年问题评价，尽管定义很简单，但是由于社会空间非常广大，以及青年的行为从不返回已往模式的特征，使得这种预测变得十分困难。亚里士多德的“整体大于部份之和”的著名命题就是对“青年评价”这一概念最好的说明。社会性、可塑性、突现性是青年一代自我形成与世界一体化的基础，并且产生出具有新性质的事物。作为近代社会的世代现象中的人，“是工业和社会状况的产物，是历史的产物，是世世代代活动的结果，其中每一代都在前一代所达成的基础上继续发

① 金志堃《有关青年基础理论研究的思考》2013年（手稿）。

展前一代的工业和交往方式，并随着需要改变它的社会制度”①。在世代传承中出现的未曾有过的结构，或者社会系统都不曾具有的功能，这些新的现象作为整体突然的呈现在人们面前。即使详尽地综合了新世代的各个部份，也不可能理解新世代的整体，更不用说理解世代交替中的超越现象。过去的经验不可能预见世代所出现的新性质的事物；各个组成部份的综合不可能认识和评价世代的全体，这是世代研究的出发点与具有公共意义的课题。

世代作为一种年龄共同体，使个人只有在代际关系中才能形成自己的认同，而且，也只有在世代之间的互动中才能够确立这种人格同一性。世代是青年群体开始了与自然的分离，开始了主观与客观、自我与他者的分离，开始了精神与物质，心理与身体，意识与大脑的区分。与此同时，基于突现的原理，自我与世界，个人与社会又有了相互渗透、相互融和、相互作用的发展关系。这种关系就被称为对新事物的创造性的涌现和发展，或者用马克思的话来说，是一种每一个人的自由发展和一切人自由发展的目的与过程②。世代是一种共同体，是一种与他者共存的集体，集合了“生命”、“生活”、“人生”的三大主题。世代作为一种生命现象，其世代交替就形成了人类生命在不断发展和创新中的生生不息。

世代理论的主要方法包括世代的条件、世代交替、世代的演进（突现·涌现·创发）等。对世代、特别对青年一代的评价，有三条路径：一是经过社会变革的临界点或临界区域的世代演化，这一类变化如青年运动的出现，演化的结局难以预料；二是演化的间断性，虽然有大的起伏，但大部分的演化路径是可以预测的；三是渐进的演化过程，这一类的变化基本可以预测。世代

① 马克思、恩格斯《德意志意识形态》《马克思恩格斯全集》第4卷p49，人民出版社。

② 马克思、恩格斯《共产党宣言》《马克思恩格斯全集》第4卷p273，人民出版社。

演进中的突变性，以及非线型的演化路径，使世代之间的交替不可能是最优化的，而且充满了不确定性。我们生活的世界是一个有序的事件系列，自然的事件序列中一代又一代地出现了某种真正崭新的东西，这就是所谓广义的进化。这样，突现进化论成为事物形成发展过程中的一种普遍模式。

世代是一个开放的结构，在世代之间的交流和交替中，在经验的交换中，形成了有序结构，使得体系中的正能量不断地增加，新世代的有序度也得到了增强。问题是这种世代之间的能量转换不会始终保持平衡，青年运动就是这种非平衡的表现，使得世代交替以及社会的发展都出现了突变。社会的开放度越大，信息的公开化程度越高，青年一代的作用就越显著，青年运动就会使世代交替出现非线型的发展。

世代之间交替的非线型发展，就是一个很小的输入就能产生巨大而惊人的效果。世代的体系内各个要素之间具有超出世代整体的能量，局部的线型叠加效应会产生非线型的结果。世代体系所具有的自我超越的变化机制，产生涌现创发的效应和突变行为，实现质的飞跃和新的平衡。所谓公共世代的研究，就是要对这种世代之间的“小原因，大结果”的现象，世代的量变过程以及质的飞跃过程的历史意义和社会价值做出历史唯物主义的解释。

世代也是一种道德共同体。正如亚里士多德所说，任何一个共同体中都存在着道德共同体。作为世代这个共同体的成员，不仅彼此之间期待着平等对待，而且世代之间也希望得到平等的对待，特别在成年一代与青年一代之间，这样的问题就更为突出。哈贝·玛斯将正义解释为对所有人都同等有效的善，在世代这样的共同体中，道德的善就成为维持共同体正义与团结的桥梁。因为，良心或称之为自我的同一性和道德的社会化，只有在相互认同之下才能够加强认同，“由人的知识和全部生活方式来决定的”。[①]

世代又是一种学习的共同体。承担着已知与未知，人类的精神世界与客观世界的进化。人类社会的知识与发展有着自己的内在逻辑，有不以人的主观意志为转移的客观规律。学习与创造是世代传承的根本。构成世代的思想比整个社会生产资料更为重要。在世代理论或青年理论中，有一种信念是一代胜过一代的进步观念。这种信念是世代研究的支点（阿基米德点），是迄今为止支撑整个青年研究杠杆的支点，信念为研究提供了基础，没有信念的研究只能得到支离破碎的、构不成整体的片段。

维纳在1950年出版的《人有人的用处：控制论与社会》一书中指出了人的青年性质，“我们经常看到，人是幼态（neoteinic form）的，这就是说，如果我们把人和他的近亲——类人猿比较一下，那就会发现，成年人在头发、头型、体型、身体比例、骨格结构和肌肉等等方面，都和刚刚生下来的类人猿更加相似，而不那么象成年的类人猿。在动物之中，人就是永远长不大的彼得·潘”[②]。维纳认为人的这种生理特征决定了人的青春期的延长，他说：“在我们的社会中，人不到21岁不算成年，而现代高等职业所需的受教育时间大约要延续到30岁左右，实际上已经过了体力最强盛的时期。因此，人在做学生方面所花费的时间可以达到他的正常寿命的40%，其道理又是和他的生理结构有关。”[③]由于人的这种生理结构，因此，维纳得出了人类社会是建立在学习的基础之上的这一结论。“人种之所以是强有力的，只是因为它利用了天赋的适应环境的学习能力，而这种可能性则是它的生理结构所提供的。”[④]这里，维纳提出了一个非常重要的假说，就是人所具有的青年性质并

① 马克思《对哥特沙克及其同志们的审判》、《马克思恩格斯全集》第6卷p152，人民出版社。

②③④ 维纳《人有人的用处：控制论与社会》，商务印书馆1978年。

不是年龄所决定的，而是一种与生具有的特性，是一种学习和创新的性质。当一个人学习和创新的欲望停止的时候，也就是他的青年期停止的时刻。在没有战争的和平时期，这种学习与创新的能力，特别在价值观、人生观的创新能力应该是评价青年的主要尺度。世代的划分，青年的划分，年龄只是一个参考系数，可能是15年，也可能是20年、30年，关键是观察它是否呈现或发展为社会现象的突现进化。

人作为一种生命体，同时具有精神性与物质性；“人则使自己的生命活动本身变成自己的意志和意识的对象”①。人与其他生物之间的联系，人与自然之间的联系，人与人之间、世代与世代之间的联系以及人的精神的进化，逐渐形成具有自由、突现、创造性的三位一体构造。所谓“自由”的概念并不是一种意识形态，一种对制度和秩序的反抗或批判，而是一种自律和自组织的过程。自由是人的身体内的自然属性和自组织性，或者说是一种创造性，和突现的现象联系在一起。由此可见，自由的概念与个人的为所欲为或者无秩序、无政府状态没有必然的联系。自由是一种人的内在的尺度，是一种美的规律，如马克思所说：“人并且懂得怎样处处都把内在的尺度运用到对象上去；因此，人也按照美的规律来建造。”②

第四节　世代更新与蝴蝶效应

对世代交替的研究和对青年的研究，是一种长远的预测，是一种战略研

① 马克思《1844年经济学哲学手稿》《马克思恩格斯全集》第42卷p96，人民出版社。
② 同上，p97。

究，一种对社会复杂性增长的简略化过程，创新与质变是一个事物的两个侧面。在充满高度不确定的和存在大量偶然性的历史环境中，在变化越来越快的政治和经济形式里，世代评估或青年评价就是作为指引方向的罗盘。蝴蝶效应作为突现进化理论的基本概念也成为青年评价理论的重要参考。

所谓蝴蝶效应是指在一个运动的系统之中、一个微小的变化能带动整个系统的长期的巨大的连锁反应。美国气象学者洛伦斯（E. Lorenz）认为，事物发展的结果，对初始条件具有极为敏感的依赖性。他将这种对初始值的极端不稳定性，称之为“蝴蝶效应”。他曾将仅仅相差0.0001的两个初始条件输入到一个数学方程，得出了两个完全不同的结果。因此洛伦斯比喻说，这好像在南半球某地的一只蝴蝶偶尔扇动翅膀所带来的微小气流，在几星期后可能变成一场在北半球的一场风暴，这就是所谓蝴蝶效应。对世代交替与青年研究来说，在一个非线性系统内部的多因素作用机制里，一个负面的微小的机制，如果不加以及时引导和调节，会对社会带来非常巨大的危害；而一个正面的微小的机制，如果能够正确引导，就会产生普遍的社会效应。《礼记·经解》中有“君子慎始，差之毫厘，谬之千里”。古人已经对蝴蝶效应做了最简洁的说明。

对世代交替的理论或青年理论的研究，其重点不仅在于事物发展的普遍性，而是在于偶然性，是发现偶然性的规律和生成方式，以及偶然性是如何影响历史的发展。近代科学的特点是理论与实践的结合，是改造世界的理想与认识世界的方法的结合。用历史唯物主义的观点来看，偶然性与必然性是人类进程的道路上并行的双轮，而青年或未来世代更多地代表着历史的偶然性。爱因斯坦常说，自然对向它提出的绝大多数问题都回答“不”，偶尔也说“也许是”。由此可见，在我们日常生活中偶然性占的比例要大得多。在世代交替的理论中，传统社会的人们认为，生活是按照一个固定的次序和通常的方式合乎理性地演化，是在实现客观世界运动的因果性和规律性。随着社会的进步以及世代交替中出现质的变化，人们对世代交替和青年的认识，正由必然性向偶然性转变，开始发现偶然性存在的普遍性和对时代的影响力量，以及青年作为一种偶然性的出现，极大地改变和塑造了近代和现代历史运动的进程。

世代之间的交替是生成的，处于生生不息的转换之中。世代作为一个整体不能还原为部份，青年的时代性质也不能通过部份的性质推导出来。世代转变时的宏观性质具有突现的特征。随着人类的生态、经济、政治等已经成为全球性、复杂性、非线性的问题，世代的研究需要集体行为的模型，这种研究是建立在每一个个别成员和各种不同见解的基础之上的，建立在感知比认知更为直接的认识论基础之上的。随着生产社会、政治社会、制度社会的扩大，其复杂性也在逐渐地增强，而学习的过程就是在缩减复杂化的规模。如人口的无限制地增长，最终将超越地球可承受的负担一样，复杂性的无限增长也会压垮所有系统。基督教里的清教，佛教里的禅宗，儒学里的阳明学等就是一种相对复杂化的简易过程。

由于外部世界的高度复杂多变，因此东京大学教授安富步认为，管理组织学习的人是社会的中枢，是社会秩序形成的的基础。[①]这种以学习作为社会的进步与发展的基础思想，非常适合世代与青年的研究。他在对《论语》的研究中，就特别重视孔子从“学”到“习”的飞跃，认为是认识从局部到全体，从量变到质变的过程。繁体字的“习”字上方是一个“羽”字，下方是一个“白”字，与鸟飞相关，象征着认识的飞跃。杨树达（1885～1956）在

① 安富步《以生命为目的的论语》p26，东京·筑摩书房2012年。

《论语疏证》中就指出学习的目的在于温故知新[①]。如果从学习的角色来看，成人当然没有停止过学习，但是青年一代的主要任务就是学习，在渐进的学习过程中创建出新的思想，因此，更有条件与可能触动社会的变革，从思想的活动转变为历史的活动，从而实践和获得人的“解放。”[②]从孔子时代，人们就已经开始认识到，学习是达到人的解放的重要手段。从某种角度上来说，学习行为也是一种蝴蝶效应，丝毫的差异会产生截然不同的结果，具有无限的可能。

世代理论注意到了在世代交替中可能发生突现行为，从而向传统的管理基础提出了挑战；从无序到有序的转化过程形成了社会系统状态发生突变的临界点。在突现进化中，道德观和价值观的转换，新的价值观的出现，起着非常重要的作用。而这种突现行为正是体现在时间、历史的演化，并且，这种演化是一种从无到有的创生过程，因此，日语将Emergence翻译为“创发”，突出了这种现象的创新与发展的自主性特征。社会系统在世代交替中，一种原来系统所不具备的功能和性质，作为一个整体，突然出现的过程。2010年底在北非和西亚的阿拉伯国家，以及和其他地区的一些国家发生的一系列青年运动，这些青年运动对突尼斯、埃及、利比亚、也门、叙利亚等国的影响，可以作为例子。这次青年运动的影响之深，范围之广，爆发之突然，来势之迅猛，具有非常典型的突现特征。

当一件新事物进化时，它往往是构筑在旧事物的基础之上，世代交替的变化以及青年运动的出发点是追求个体与群体的幸福，“追求幸福的欲望是

① 杨树达《论语疏证》：“学而时习，即温故也；温故知新，故说也”。江西人民出版社2007，p8。

② 马克思、恩格斯《德意志意识形态·第一卷手稿片段》《马克思恩格斯全集》第42卷p368，人民出版社。

人生下来就有的，因而应当成为一切道德的基础”①。青年运动往往略微改变陈旧的结构，就能够获得根本性的新功能和新发展方向。世代交替不是一种随机的文化建构，而是基于一种“整体”的交流与进化模式，是两种独立系统的结合。通过这种结合，使得世代交替在有限的社会系统里产生无限进化的可能性。

世代交替与青年现象表现出复杂系统的创造性、自我生长与寻求适应性的行为。其中在学习过程的原创性，以及整体先于部份的特征是推动突现产生的原因之一，具有原创性的偶然事件也是突现具有不可预测的特征的关键原因。历史唯物主义提供了一种新的、不分割的世界观、提出了把世代或青年分割成为独立存在的部份，在世代研究或青年评价中是很不奏效的。突现进化理论中隐含着世代研究的整体观念，对理解青年现象的本质会提供一种思想方式。

和宇宙生成的130亿年相比，人类文明不过数千年的历史，人类史的年轻性质相对应于19世纪末开始的人类的青年现象。未知的领域要远远大于已知的领域，世代交替或青年现象的本质就是要对这种未知领域的探索，如孔子所说，“知之为知之，不知为不知，是知也”（论语·为政第二）。在这里的“不知”，根据安富步的诠释，不是我们一般认为的对于知识的不理解，而是一种对未知的认识。恩格斯也说，“整个人类历史还多么年轻，硬说我们现在的观点具有某种绝对的意义，那是多么的可笑。”②对学习者来说，不仅需要掌握前人的已知领域，而且，要进入更为广大的未知领域，这种需求应该是世代交替中出现突现现象的重要原因。

① 恩格斯《路德维希·费尔巴哈和德国古典哲学的终结》《马克思恩格斯选集》第4卷p234，人民出版社1997年。

② 恩格斯《反杜林论》《马克思恩格斯选集》第3卷p154，人民出版社1997年。

结 语

卡尔·曼海姆（1893～1947）在《世代与竞争》中指出，在欧洲或者仅从法国的历史来看，自16世纪起，每隔30年在政治、经济、科学、法律、艺术等领域都会产生重大的变化，特别是国民精神的变化。世代的问题并不是一种单纯年代学上的课题，也不是简单的直线型的历史进步论，是一种外在时间（生物年代学）和内在时间（精神现象学）之间的合力过程，是一种人的精神运动过程中所显示的世代（青年）现象[①]。

青年现象是人的发展的一个历史阶段，而对青年评价是对人的发展的终极目的探索的过程。作为现代社会的历史条件和关系中的青年所具有的原创性在于对人的全面发展的实践，"青年"的概念是人的全面发展的实践理性与实践主体。在青年发展和形成过程中所出现的非演进式的突现，应该被看做是对人的全面发展实践的现象，是学习驾御"外部世界对个人才能的实际发展所起的推动作用"[②]的过程，也应该是青年评价的主要依据。由于青年是人在社会分工前的状态，天然地会将现代社会的分工和角色化作为影响自我全面发展的障碍，自觉地站在反对资本主义的立场上，20世纪60年代欧美社会所出现的青年运动，应该是很好的例证。青年和青年运动所形成的青年文化代表着"个人的独创和自由的发展"的社会实践，[③]也构成了各个历史阶段带有标志性的文化符号。

---

① K.曼海姆《世代与竞争》p7，东京·诚信书房1958年。

② 马克思恩格斯《德意志意识形态》《马克思恩格斯全集》第3卷p330，人民出版社。

③ 马克思恩格斯《德意志意识形态》《马克思恩格斯全集》第3卷p516，人民出版社。

美国《新闻周刊》评选出12个国家的20大“文化符号”，其中孔子、汉语、故宫、长城、苏州园林、道教、孙子兵法、兵马俑、莫高窟、唐帝国、丝绸、瓷器、京剧、少林寺、功夫、西游记、天坛、毛主席、针灸、中国烹饪等是代表中国的20个文化符号。韩国的《亚洲经济》评论说，中国需要标志性的新的文化符号，才能让人们不仅认识传统的中国，而且更能够理解今天的中国与现代中国人的形象。和世界其他国家相比，中国的青年现象以及社会对青年的重视是独一无二的，青年运动的历史和现状形成了具有独创性的青年文化。我们希望在人的全面发展过程中，实践的“中国青年”能够成为21世纪中国的文化符号和形象代表，成为“自己的社会结合的主人，从而也就成为自然的主人，成为自己本身的主人——自由的人。”①

① 恩格斯《社会主义从空想到科学的发展》、《马克思恩格斯全集》第19卷p247，人民出版社。

第十一章

青年性是向人的社会本质的一种复归

——幼态进化与再年轻化（复归）的关系

引　言

青年的现象与青年的实践是人的解放和人类解放历史过程中的重要一环，是“由自觉的人在完全自由的条件下创造新秩序的开始。”这是历史唯物主义青年观的起点。如果用马克思在《1844年经济学哲学手稿》中的论述来解释，共产主义的目的是“对人的本质的真正占有”，因此必须对人的自我异化（物化）予以积极的扬弃。马克思将这种对人的本质的真正占有称之为“复归”，“它是人向自身、向社会（即人的）的人的复归，这种复归是完全的、自觉的，而且保存了以往发展的全部财富的。”复归就是人的自我创新，就是再青年化。用比较人类学上的幼态进化论来说，人类的进化，实际上就是在幼年性、青年性和再年轻化（复归）上的发展。

第一节 幼态进化论与重演进化论

青年这一概念认为人类历史是一个不断的创新过程，是青年化和再年轻化的过程。青年时代所带来的体验，青年性的扩展，是一个个新的故事的展开。青年一词适用于以创新为目的的时代传承，是世代创新成为了一种近代社会的政治现象。青年研究中的“创新”与“复归”就是指人对自我的创新和人的再年轻化；作为人的全面发展过程中的外部扩展与内部体验，是不可或缺的两个不同方向的侧面。社会科学研究从19世纪起越来越突出实验与数据的重要性，而将生物以及人类发展进化的原理放置在一边。要理解马克思关于“人的复归”的论述与人的再年轻化现象的关系，就要理解有关保持人的幼年状态与人的发展的原点的关系，以及人的进化过程中非标准化、非同时性的现象；要认识到青年的个体发展与青年群体发展的并行性以及青年社会与成人社会的并行性的问题；要涉及到人类学中有关原型进化与变形进化的论争，特别是需要对“幼态延续”或“幼态成熟”（neoteny）以及幼态进化（pedomorphosis）的理论有一个初步的认识。因为幼态进化的理论不仅解释了青年期不断延长的现象，而且也包含了人的发展的终极目标与人的进化过程中的创新与变化这两个重要的方面。

荷兰解剖学家L. 博尔库（1866～1930）在《人类形成的问题》（1926）中从人类学的角度对幼态延续的现象提出了论证。幼态延续是指人类将幼年的特征保留到成年期的现象，而且这种现象在人类的社会进化中表现的越来越突出，我们把这种社会现象称之为社会的青年化。在幼态延续的理论中，成人化或动物的成型则是一种特殊化的过程，人与动物的成型进化对适应现存的环境是十分有利的，但在环境发生变化的条件下则对应缓慢。为了适应不断变化的自然环境与社会环境，与成型进化相反，人与一部分动物（如狗、猫等家畜）放弃了特殊化的成型，而保持幼体的状态成熟与进化。这种幼年期的延长，不仅表现在人的生理、身体的发育现象上（与类人猿相比人类的这种幼态延续非常明显），而且也表现在幼年期、学习期的延长和少年与青年现象的出现等社会现象上。

幼态延续的学说作为一种进化论的假说，认为人类社会的进化可能是从成人化向青年的转化逆行成长的历史过程，这也是青年的年龄上限不断界定、不断延伸的根本原因。荷兰解剖学家L.博尔库（1866 ~ 1930）认为人的身体与其他灵长类的体型不一样的地方在于，人的身体始终处于胎儿状态；胎儿状态只是其他灵长类个体成长中的过渡阶段，而人类则将胎儿状态保持到人生的终点。美国进化生物学者古尔德（1941 ~ 2002）在他的代表作《个体发生与系统发生》中指出，人的本质是幼态延续的进化过程，身体发育的延缓是人类进化的特征[①]。因此，我们可以提出这样的假说，人类生物学上的幼态延续是对创新能力需求的进化，这种进化过程在近代社会和现代社会的个体心理发展和社会承继系统上就演变成了青年现象。英国心理学家H・H・艾礼斯（1859 ~ 1939）也是一位幼态成熟论的支持者，他认为“我们人类种族的进步实际上就是在青年性上的进步”[②]。

在生物进化的历史中同时存在着原型进化与变形进化，变形进化的事例要比原型进化的事例来的更多一些。“幼态进化是为了在不同环境下自身生

① 《个体发生与系统发生》p503，Stephen Jay Gould东京工作舍1987年。
② 《达尔文进化论的发展》p329，Stephen Jay Gould东京早川书房1995年。

存和发展而展现出的一种适应形态的多样性，同时也维持了由遗传而来的生物形态的同一性。”[①]从这个意义上说，青年性与成年性，青年社会与成年社会既有连续性的一面，也有着并行性的一面；人的青年性不仅是相对于成年性，而且也具有独立性和终身性质。而在青年研究中这种并行现象除了对青年文化有一定的认识以外，在其他的领域没有能够得到足够的重视。在现代社会，这种并行现象是普遍存在的。如同20世纪90年代出现的互联网一样，既被看作国际空间或第八大陆之外，也被认作与现存世界并行的另一个世界，一个互不重叠的宇宙[②]。这种青年与成人之间互不重叠性以及青年现象的终身性，使得青年研究在社会科学的领域具有其特殊性与独立性。

重演进化论（law of recapitulation）要求祖先的成人形态重现在子孙的幼态进化的阶段上，认为个体生命的发展过程能够反映整个种族的历史发展。德国的进化论者海格尔（1834～1919）所提出的“个体发育是系统发育的简单而迅速的重演”的生物发生律或重演进化论则是将儿童与未开化的种族相提并论，将个体的发育与人类群体的进化进程相对照。根据这样的理论，每一代的青少年的成长不仅是成人化的一种重复，也是对人类进化过程的重演。20世纪的社会科学至少在犯罪人类学、人种差别主义、儿童成长学、初等教育、精神分析学以及艺术和文学等方面受到了重演论深刻的影响。[③]如青年心理学的开创人霍尔（1844～1924）的《思春期》（1904）中，就是强调了成人代表着人类的文明，而青少年则还处在文明的前阶段的野蛮冲动，思春期是人从动物性向人性的进化过程，支持“儿童=原始人”的假说。发展心理学家皮亚杰（1896—1980）的理论也受到海格尔重演进化论的影响，提

① 《个体发生与系统发生》p258，Stephen Jay Gould东京工作舍1987年。
② 《互联网的公共价值》p19，Jeff Jarvis东京NHK出版2011年
③ 《个体发生与系统发生》p178，Stephen Jay Gould东京工作舍1987年

倡个体发展与系统发展的并行发展，认为儿童的认识发展与原始人的精神活动非常类似。20世纪青年心理学的主流是按照重演进化论的脉络演变与发展的。同为达尔文进化论的延续与发展，重演论与提倡青年与成人之间互不重叠性，以及青年期的延长与青年现象终身性的幼态延续、幼态进化的理论形成了鲜明的对照。

第二节　人的解放与人的异化

传统的生物进化论在成型阶段和性成熟达成的阶段，在形态、年龄、发生阶段等标准上有着一定的衡量尺度。幼态进化论不是简单地看待个体发展和群体发展的差异，或者在成长过程中的延迟或加速的差异，而是提出了一种在保持幼态阶段的条件下新的进化方式。从19世纪幼态进化论和重演论的研究来看，应该与同期出现的青年理论有着参考和借鉴的相互关联。

生物的幼态延续中的原型进化与变形进化两种方向的原理，可以启发和加深我们对青年现象的认识。幼态进化、幼态适应不仅是单纯地重复先辈们所达到的阶段和形态，而是以变形进化来适应新的环境，发展出新的形态和新的性质。这种生物的幼态进化，或人类的青年期变化有可能对群体系统没有影响，但也有可能进而影响到群体系统的发展进程。幼态进化理论说明了在生物进化中幼态阶段与成体阶段可以同时存在，生理上某一部分的成熟（性的成熟）与其他部分的不成熟性并行存在是一种普遍的现象。心理学对青少年思春期现象的研究；弗洛伊德（1856～1939）关于生殖本能（潜意识）与社会理性、人格结构、道德实践关系的研究，也显示了幼态进化在精神分析学上的影响。参考幼态进化的理论可以解释具有与成人社会并行性的青年现象是近代文明的产物，是和资本主义、社会主义等近现代的政治制度、生产方式联系在一起的；可以说明青年现象是人的发展的一个新阶段。近现代社会中人的发展呈现出两个截然相反的现象：一个是人性的解放，人的创造力的涌现，人的全面发展的可能性被认为是可能的现象；另一个是人的异化，人格被生产的分工所割裂，文化的传统和多样性消失的现象。如何在实践中将人的全面发展从可能性转为现实，如何在改造中消除人的异化，便成为青年的历史使命。

“青年”概念的出现，是为了说明年青人不仅是自然的存在物，而且是意志的存在物，是一种有着社会主义性质的积极自我意识①；是自由的自觉的活动的存在物。马克思关于人的特性是“自由的自觉的活动”，“人则使自己的生命活动本身变为自己的意志和意识的对象，”以及人在意识中复现自己，在“他所创造的世界中直观自己”的论述，②同样也可以用于认识青年的本质特征。从20世纪90年代以来，青年研究领域就一直在构筑青年理论的构造，希望从社会与青年关系的整体上，从青年自我产生的过程中去把握青年理论的脉络，试图突破科学主义，特别是数量学说在青年研究中所设置的局限，从社会的传递系统以及历史过程中，从过去、现在与未来的世代交替中把握青年的全体和本质。青年的本质体现在它全部的社会关系和社会实践活动之中。

19世纪末20世纪初有两位日本学者受政府派遣到当时近代文明中最有代表性的英国去留学。一位是启蒙思想家中村正直（1832～1891），另一位是

① 马克思《1844年经济学哲学手稿》《马克思恩格斯全集》第42卷p131。
② 马克思《1844年经济学哲学手稿》《马克思恩格斯全集》第42卷p96～97。

夏目漱石（1867～1916），虽然都精通英语，却有着截然不同的感受，得出了完全不同的结论。中村正直是与福泽谕吉齐名的教育家，民主主义思想家吉野作造（1878～1933）曾非常明快地指出，福泽谕吉让明治世代青年看到的是智的世界，中村敬宇则让青年看到的是德的世界。1871年中村正直从英国归来，编译了斯马洛兹（Sammnel Smiles）的《自助论》，改名为《西国立志编》。他认为近代化最重要的不是“民智”而是“民德”，是人民的自主自立的品行。中村正直认为，国家的独立来自于人民的自主，而民主又来自于每一个人自主自立的精神，提升到敬天爱人的境界。他译著的《西国立志编》在明治时期出版了100万册，培育了一代日本青年。1900年夏目漱石公费到英国留学。在两年的留学生活中，由于在同异文化的全面碰撞中体验到了近代文明的物质进步与人的异化的巨大差异，在身体上的神经衰弱，对在英国留学的厌恶情绪，都显示出对英国社会和文化的严重不适应。很显然，夏目漱石是感受到了近代文明对人的异化，对自然界的异化，对家庭关系的异化，对自我的异化。夏目漱石之所以与英国社会格格不入，是因为感受到自我主体的丧失，以及东方文化的贬值，生命已经不再属于他而属于异己的对象了。

近代文明提升了人的自主自立的精神，同时也造成了人的对象化和异化，以及主体的丧失。夏目漱石的感受和不适应正如马克思所说的，“人们越意识到它是异化，它就越成为更大的异化”[①]。从中村正直和夏目漱石的例子可以看到，资本主义的近代文明带来了古代和中世纪社会所没有的人的主体权利，人的主体自由、自主和自觉，但是“金钱——财产异化了的空洞的抽象——就成了世界的统治者。人已经不再是人的奴隶，而变成了物的奴

① 马克思《1844年经济学哲学手稿》《马克思恩格斯全集》第42卷p140。

隶；人们的关系被彻底歪曲”[①]。因此，青年不仅是自由的生命表现，人的生活乐趣的象征，也成为了近代文明两种矛盾的对立统一体。

第三节　青年从何处来？往何处去？如何去？

海克尔认为幼态进化和重演论的原则就是“朦胧与模糊的真理”。如果仅仅是形成过程中复杂化的增加，或者是生长期的延长并不是“青年”出现的原因。而幼态进化——再青年化即复归的理论为青年学说提供了基础研究的出发点。研究青年，没有对“青年”作为一种历史事件的终极关怀，没有对青年从何处来，往何处去，如何去的问题意识，就无法形成一种社会发展理论，当然也不可能形成一种理论与实践相结合的历史唯物主义。这里的“理论”，就是指具有全体性和终极性质的理论和目标。“青年”的概念是将“理论”或“意义”导入了社会科学的领域，并且使“青年”成为一种社会学的基本价值概念。马克思、恩格斯在《神圣家族》指出:“在认识到人是全部人类活动和全部人类关系的本质、基础之后，唯有“批判”才能够发明出新的范畴来，并像它正在做的那样，重新把人本身变为某种范畴，变为一系列的原则。”[②]在人类的全部活动和关系之中，青年一代在“新的范畴”的创造过程中，在追求自己目的的活动中起到了重要的作用。

一般来说，青年现象的时间性以及近代性质是十分明显的。但是阿伦特却出了非时间性的观点，她以卡夫卡（1883～1924）的文学寓言为例，认

① 恩格斯《英国状况·十八世纪》《马克思恩格斯全集》第1卷p663。

② 《马克思恩格斯全集》第2卷p119。

为青年是位于无限的过去和无限的未来的对角线两种力量的交汇点上。这种过去与未来之间的空间是一种非时间性的空间，是超越历史过程的时间和个人生命的时间的存在。这种现象并不仅仅存在于近代和现代社会，甚至不是历史过程中的产物，而是一种与人和人类共存的一种现象。新一代人都将在这个非时间的空间之中认识自己存在的意义。如果用马克思的“复归”来诠释，这种“非时间空间性”的概念，实际上就是对人的原点的肯定和新一代人复归原点以获得人生观和世界观的一种存在主义的表述。①

青年研究首先要与现存的社会制度、未来的社会环境、文化的传递等三个基本概念相遇，这三个基本概念在青年研究中形成了相互关联的等边三角型的关系。人的青年性的觉醒是近代文明所必须经历的一个阶段，青年共同体是社会公共领域一种积极的自我意识，一种积极的实践。从现代人的角度来看，青年在意识形态上应该具有四个特征：①自由感和创造冲动；②对事物的批判态度；③坚持历史不断变革的观点；④相信世代之间的对话与理解。青年作为一种理念的出现决不是偶然的，是为了用每一个世代交替的时期，用青年的方式发掘人类历史生命中的价值意义和创造力。

青年是一个共同体的概念，即是一种生命共同体，也是一种意义或价值的共同体。即使是一个单独的年轻人，一旦被称之为“青年”，就意味着他的特征已经超越了个体的局限，而具备了一个时代共同体的象征。青年所具有的未来性和超越性形成了一种青年世界观，或者用流行的话语来说是带有普世价值的意义，因此属于社会的公共领域。对青年的研究，其根本是对青年世界观的认识，从“内在的”、“自然的”青年世界观里发现和阐发具有普遍意义的实践价值。由此出发，可以对“青年”的概念具有了三个层面的

① 汉娜·阿伦特《在过去与未来之间》p14～15，东京五铃书房2005年。

认识：一是对青年社会本体的认识；二是对青年历史作用的认识；三是对青年在世代传递的认识。

在近代社会中，青年的概念象征着社会改革和人类更新的实现，是社会系统和未来的社会环境之间的相关关系的一种表现。这种现在社会系统与未来社会环境之间具有相通性质的社会群体被称作为“青年”。在一个发展和变化的社会系统里，青年起到了维持现代与未来的差异之间的安定，使现代社会系统与未来社会环境之间的交替关系在可控范围内得以成立，使传统与现代以及未来之间不同质的文化得以对接。从这个意义上说，青年的理念在时间上（过去、现在、未来），以及文化和价值的传承上都超越了社会学的理论范围。当社会进化到社会文化和价值的阶段时，青年的活动领域产生了飞跃性的发展。

第四节　人的发展与“青年”理念

在幼态进化论出现之前，进化论基本是研究成形阶段以后的进化过程（gerontomarphosis）。幼态进化论认为一般生物或人类的成型阶段，基本上已经适应了特定的生活环境，系统发展可能性逐渐减少；而处于幼态阶段则可能产生新的方向性变化。幼态进化也是一种再年轻化（复归）的过程。这种再年轻化或复归的幼态进化论也影响到了现代宇宙论的热力学说，即宇宙能量从递减到再生，以及全方位扩散的过程，类似于生物进化领域中的幼态进化过程。[①]

①《个体发生与系统发生》p394～395，Stephen Jay Gould东京工作舍1987年。

作为加速人类进化的“青年”理念是人的全面发展目标中的一个重要阶段，是我们认识全方位的、历史的人过程中的一个不可缺少的环节，具有普遍性质。在有关个体发展与系统发展的并行性的研究中，发现任何生物的成长与发展都会形成个体在多维空间上重量的增大以及个体复杂化、组织化的增强。[①]如果现代社会科学在对青年的研究维持在单向度的理解上，那么现实中的青年本身就会成为是一个未解之谜。德国哲学家阿伦特（1907～1975）在《在过去与未来之间》一文中着重指出，过去与未来的合力割裂了时间的连续性。指出现代人，特别是青年处于一种不安定的时间裂缝之中，承担着来自现在、过去与未来三个方面的巨大压力。在一定程度上感觉到了多维空间与多维时间以及青年的关系。

“青年”的超越性和“年轻人”的被动性构成了现实青年成长的难解的性质，使得青年研究成为社会科学中，特别在方法论上比较难以用数学模式完全概括的学科。现实的青年应该是生活在“青年”的主体性与“年轻人”的客体性之间的历史存在；是过去与未来的两种相反相成的历史运动的合力所构成的。中国传统的儒家学说突出以“人”为中心的人文主义思想。自孔子以来，人是什么？人的本质是什么？人的根本价值是什么？是儒家的理论与实践最需要解决的问题。如果说，儒家学说中的“人”的主体性是道德理性的话，那么近代以来的青年理论和青年运动最值得关心和最需要解决的应该是社会的公共事物，“青年”的主体性应该导向公共理性，一种超越现实社会的具有全体人民在内的社会理想。

与近代的其他社会科学学科的研究一样，20世纪80年代以来的青年研究也是一种思想运动。所谓思想运动就是指这种学术研究不仅仅在解释世界，

① 《个体发生与系统发生》p336，Stephen Jay Gould东京工作舍1987年。

同时也是在改造世界。只有在时代现象自身的层次上去把握青年现象。只有把它作为时代性的过程来研究，才有可能认识青年现象。借助生理学、心理学、社会学、经济学、语言学等任何其他的研究手段，都只能把握青年现象的部份真理，会遗漏其中一个独特和不能化简的因素——时代超越者的因素。这就是“青年”与“年轻人”在概念上的区别：“青年”作为时代的超越者，呈现出实践理性和实践主体的现象；而“年轻人”作为社会的弱势群体，需要得到社会的援助和关怀，更多地表现出被动和客体的形象。在“青年”与“年轻人”之间并没有什么不可逾越的障碍，他们不断地互换角色，在不同的历史阶段表现出不同的特征，或者同时体现两种特征。这种存在于两者之间的现象被海德格尔称之为“现存在”人的存在，也就是存在于“青年”与“年轻人”之间的“青年存在”的现象，我们可以称之为“现实青年”。因此，对青年的研究，不仅是对青年存在现象的研究，而且也是对青年存在根源的研究，是对人的存在意义的研究，是对青年的社会经验和生活实践的整体研究。

不能够将青年研究仅仅停留在启蒙教育的认识阶段上，始终将青少年文化作为低于人类高级文化的中间层次上。没有将青年文化作为一种不同的生存方式或生活方式，一种不同于成人社会的文化形式。青年现象说明了人不仅是一种生存体，而且是对这种生存意义的理解者。这种对人的生存意义的理解者，在近代被称作为“青年”。在近代和现代社会中，青年被当作一种公共理性，这种公共理性是通过感情与感动，通过陶醉与忘我，通过游戏与游行的方式而表现出来的。

近代对“年轻人”的研究结构是一种循环方式，每一个世代都从头开始更新，从而使人类的生活保持在相同的熟悉的地方。近代的心理学、社会学的研究，就是要驱赶青春期或青少年期的问题、疾病、过失和错误，让世代的更替恢复到上一个世代的开始的时间，防止现存秩序的消失，从而避免混乱和灾难。从人类原始社会开始，不同年龄阶段的各种形式的成年仪式就一直存在在每个社会发展阶段之中，而通过研究所获得的手段都有助于同一个目的，经过世代传承和仪式回到起点，使现状具有连续性、秩序性和稳定性。由于青年是现实的存在，也是历史的存在，因此历史的青年存在论就成为青年研究的一个方向。这里，相对于近代工具主义、启蒙主义的浪漫主义、历史主义或历史唯物主义，就成为将年轻人的研究转变为青年研究的主要方法。这种青年研究认为，每一个世代的青年都盼望一种新的、不同的和更好的生活，超越与创新构成了青年一代的特征。青年现象的出现也是人类生存从社会意识形态中心向自我中心的回归。

青年的概念也呈现一个主观的未来，来表示现实生活中人们活动的意义和对未来的希望。据说爱因斯坦曾指出，关于宇宙，最不可理解的是它的可理解性。借用这句话的余韵，我们可以说，关于青年，最可理解的是它的不可理解性。在青年研究中，青年多少是可以理解的这一事实。青少年的成长多少是有规律可循，具有一些可想见的秩序与规范。同时，以青年所代表的人类发展在一定程度上说是不可预见的，因为人类思想的发展已经远远超出了生物学上的需要，青年的出现清晰地表现出人类历史具有的随机性质。

葛兰西认为："历史当然是一切都应改革的，历史无时无刻不在力图使自己变完善，就是说，它在丰富着自己和更深入地探索自己。没有一部历史能使我们完全得到满足，因为我们的任何营造都会产生新的事实和新的问题，要求新的解决。历史革新自己时仍旧还是历史，它的发展力量恰恰在于它能这样持续下去。”[①]不仅未来是无法预知的，就是过去，即我们所说的历史也是在不断地变动的。青年研究就是要从这种不可预知中寻找到人类社会发展的趋势。

第五节　青年是一种对未来的视野

研究结果显示，幼态进化不仅是达尔文进化论领域中，能够支持和实现大规模变化的一种形式，并且是遗传基因变化最少，而达到最大外在效果的一种形式。幼态进化的意义是在已经特殊化、复杂化的成体进化的同时，为将来的形态变化提供一种可能性。与人类历史进化相关，青年理念是一种对未来的视野，青年的意义是在探索人类向何处去。当青年这个课题出现时，实际上是在用批判的思维探索未来的空间。19世纪末以来，青年的概念很快成为近代社会和现代社会的一种核心价值。无论是哪一种意识形态的国家，至少在表面上都将青年放在最重要的位置，作为现代文明的象征。青年的出现，改变了中世纪以来人们的思想意识。在“青年”作为一种新形式的观念意识的地平线上，人类的现代化文明得以发展。

不仅年轻人需要这种带有前瞻性质的视野，而且成年人也需要这种继续和继承自己这一代人未能完成事业的希望。青年是一种未来社会需要的视野；是一种对未来渴望的视野；是一种对未来社会改造可行性的视野；当然也是人的全面发展的一种视野。青年作为一种社会理念和社会实践，在世代继承的过程中为我们如何发展提供希望，以克服目前人类社会的状况，促进

① 葛兰西《历史学的理论与实际》。

未来的可持续性发展。同时，青年的概念又是各个世代共处的一种信心。青年这一提法是和世代的公共空间的概念相一致，而青年问题则反映了现存社会条件的有限和未来的环境的局限。

魏晋六朝以来道教中的神话传说，以及理论和标志都是将生长中的青年作为一种理想的人的形象，希望将人的进化过程停留在具有旺盛生命潜力的青年阶段。而儒学和佛教则是全面地看待人的进化过程，认为每一个年龄阶段都有其具体的问题和责任。这里，《论语》中孔子对人的年龄与人格发展的关系用志学、而立、不惑、知命、耳顺、不逾来表示①。虽然完全忽略了人的幼年期，但是在此之前的文献上，没有如此具体地提出人的全面发展的课题以及阶段目标。与魏晋六朝以来的道教不同，儒学从一开始就没有将青年作为一种崇拜对象，而是同等地看待人的发展的各个年龄阶段，把它看作是人格发展与完成的过程。

佛教中的十二因缘说，是释迦牟尼（公元前5世纪）自修自证所得到的理念，指出了人从“无明”到“老死”的人生发展过程中的12个环节。其中，唐代玄奘所翻译的印度世亲（公元4世纪）所著《俱舍论》中，将十二因缘与人的年龄阶段相对应，如“触”的阶段，相当于人的3～4岁的阶段，有了感触，但还没有苦或乐的感觉；“受”的阶段，是从5～13岁，已经有了好恶的感情境界，但还没有起贪图之心；“爱”的阶段，是从14–19岁，已经产生了贪图享乐等境界，但是还没有广泛的追求；“取”的阶段，是从20岁开始，贪欲转盛，到处追求，有了善恶的道德取向。十二因缘的特点在于，它不仅包含了现在的世代，而且还涉及了过去与未来的世代，将人的发展放在一个

① “子曰：吾十五而志学。三十而立。四十而不惑。五十而知天命。六十而耳顺。七十而从心所欲，不逾矩。”《论语·为政第二》

历史过程中来考察。

作为现代文明表征的青年理念，即不同于泛灵论——前轴心意识结构，反映宇宙和大自然的周而复始的密切关系；也不同于提倡个人觉醒、个人自由的轴心时代的思想意识形态。青年作为一种现代社会的意识形式，同时具有个人的身分感和自然的认同感；不仅具有自我反省、科学分析和社会批判的意识，也具有与他人、自然、宇宙有机关联的精神。青年的概念应该具有外在的学习和内在的发展；社会责任与个体的责任；理想与理性等意识范畴。

互联网将青年带进了世界的大环境中，互联网成为青年的分身。我们在研究青年问题时，应该时时将这些问题放在世界这个大环境下，青年现象的影响具有全球性。处于超越与现实之间的青年。青年即不属于现实或被称之为生命的文明，也不属于超越轴心的文明。青年属于一种对话的文明，一种媒介的文明，具有介于超越的秩序与现世的文明之间的属性，有着双重属性的文明。从人类文明起，经历了狩猎革命、农业革命、都市革命、精神革命、科学革命进入到青年革命的时代。所谓青年革命是指以未来世代的立场对待一切社会问题，因此，青年的性质即具有现实性，又具有超越性，这来源于“青年”理念所具有的时间性质。青年作为近代历史中出现的一种政治或社会的理念，最重要的特征就是将时间的观念，特别是未来的时间的观念深深地嵌入“青年”的理念之中。“青年”的理念同时引入了时间顺序的观念，突出了与上一代人之间的代际关系。在社会学理论里，青年的概念除了具有强烈的政治性质以外，也具备生命自组织的性质，具备社会体系中意义构成的作用。

第六节　青年的概念具有两重意义

幼态进化论的研究对象不仅有现在地球上生物的进化现象，更多的是几百万年前的古生物的进化实例，涉及到整个自然界生物大进化过程；在年龄构成、非同时性、周期性、世代更替速度、构造与机能进化、生态与生活史等比较形态领域影响了人类学以及青年研究的发展。18世纪的法国哲学家孔多塞（1743～1794）在他的《人类精神进步史表纲要》中，指出人的发展可能性是没有止境的。在大自然里除了地球存在的物理年限以外，没有任何力量能够阻止人的全面发展的进程，提出了人类不断进步的历史观。这种乐观主义的，带有一些理想化色彩的不断进步、不断进化的观念，至今仍是青年研究的出发点。

从世界历史的进程来看，对青年的研究代表着一种国家战略，一个国家，特别是大国的年轻人群体，是一种战略资源，是关系到这个国家的将来的命运。大国的兴亡与年轻人群体的发展走势相关，因为与其他的战略资源相比，人的资源的补充需要长达20年的时间。“青年”就是年轻人社会群体的一种战略概念。“青年”的概念首先出现在近代的发达国家之中，在亚洲，日本首先引进了青年的概念，促进了近代化的发展；到20世纪初影响到中国，成为改造社会的重要政治力量。年轻人是一种自然的存在，而青年则是一种觉醒的存在，一种认识到自己历史使命的存在。

青年从诞生起就与社会进化论有着密切的联系，或者说青年概念本身就是一种进化论的理念。20世纪的革命与战争的年代里，青年是被当作一种战略资源被认识、被使用的。但是，青年最重要的作用是在于体现一种具有历史先见性的、带来社会根本变革的理念，简称普世理论，如“五四运动”中青年不仅提出了爱国主义的口号，更重要的是从“民主”、“科学”等近代社会理论的实践中，接近和接受了马克思主义，使得青年运动成为一种社会进化过程的象征。青年的理念具有明确的时空界限，坚持未来的理想价值；青年运动在很大程度上意味着一种历史过程的转折点。

与传统社会的年轻人不同，青年不是单纯地继承传统文化，而是在批判中形成认同。传统社会的年轻人的角色，其传承制度的核心是亲缘系统，家庭结构保障了传统的继承与社会的整合。青年的出现使得世界观、历史观和社会规范开始了分化，家庭道德、社会道德与普世价值（世界观）产生了对立和分裂，需要单独地被社会认识和认可。如果说五四时期的青年解放，如巴金的代表作《家》《春》《秋》中那样，还停留在超越亲缘系统的阶段的话；那么，20世纪90年代以后的青年的眼界和思想范围就已经超越了国家范畴扩展到整个世界。而且，随着知识生产量前所未有的迅速提高，青年需要学习的范围也大幅度增加，学习机制从一种有序的工具行为转化为一种创新行为。学习对年轻人来说，已经不仅仅是一种满足基本生存需求的活动，也不是如近代社会之前文人儒士为维持和延续社会秩序的一种意识形态的再生产的活动；对青年来说，学习就是一种对未来的创新活动。在近代社会分工和分化过程中，家庭和家族已不再是整个社会和生产系统的核心，作为分化的一个组成部份，青年群体代替了家庭系统，以一种新的集体认同，独立地承担了世代交替的社会化功能。

世代之间的交替关系，存在着代际之间，成年人与未成年人之间的利益关系和矛盾，也存在着世界观与意识形态之间的差异。如果这种差异脱离了公共的对话和议论的领域，潜在的矛盾就会直接具有了被称之为青年运动的政治形式。第二次世界大战以后的青年运动，无论是出现在哪一个国家或地区，基本上都带有国际性质，都对世界全局的发展和走势产生重大的影响。20世纪60年代的世界青年运动就是一个有代表性的例证。没有超越的技术创新和社会调整，对生产力的提高和生产关系的组织水平的提高始终是有限的，而通过青年一代的超越性的创新活动，则有可能克服社会发展停止的危机。

青年和以前的那些具有人生普遍意义的概念不同，如少年、成年、老年等代表着人生不同年龄阶段意义的概念不同，应该包括复归，即再年轻化的意义在内。青年阶段的人生意义，对每一个人都有差别，即使处于同一种状态下，每一个具有独立人格的“青年”的意义都有不同，而且是不可交换的。由于“青年”的意义是超主观性的，因此，青年研究不是去赋予青年意义，而是去发现作为超越者的青年的意义，这就是复归，即再青年化的意义所在。而且“对新事物的渴望与相信创新性本身可欲的信念结合在一起，乃是我们所生活的世界的典型特征。”[①]青年的概念所具有的第二层意义就是指人生过程中再年轻化（复归）的理念。

在传统社会里，世代交替之间的问题和对抗是用道德手段来调和的；但是在现代社会里，世代交替之间转移到生活世界以及文化现象。青年的现象与青年的实践是人的解放和人类解放历史过程中的重要一环，是“由自觉的人在完全自由的条件下创造新秩序的开始。”[②]这是历史唯物主义青年观的起点。如果用马克思在《1844年经济学哲学手稿》中的论述来解释，共产主义的目的是“对人的本质的真正占有”，因此必须对人的自我异化（物化）予以积极的扬弃。马克思将这种对人的本质的真正占有称之为“复归”，“它是人向自身、向社会的（即人的）人的复归，这种复归是完全的、自觉的，

① 汉娜·阿伦特《论革命》p30，译林出版社2007年。

② 恩格斯《英国状况·十八世纪》《马克思恩格斯全集》第一卷p676。

而且保存了已往发展的全部财富。”

在对人的本质的认识上，“复归”是一个很重要的哲学概念。孔子说“克己复礼为仁，一日克己复礼，天下归仁焉。”《论语·颜渊》这里的“克己”可以看做是对自我异化的积极的扬弃，而“复礼”则是人向自身、向社会的人的复归。比照朱熹的解释，这个“礼”不仅仅是具体的事神致福（说文解字）的具体礼节，而是泛指天理，也就是体现自然和人的本质的“仁”。青年现象就是这种人的复归过程中的一种自觉的象征，一种再年轻化的过程；而青年运动以及个体青年的实践活动的过程和目的，则是“人和自然界之间、人和人之间的矛盾的真正解决，是存在和本质、对象化和自我确证、自由和必然、个体和类之间的斗争的真正解决。”全部的青年研究的努力只是为了说明一个道理，那就是青年现象本身“是历史之谜的解答，而且知道自己就是这种解答”。[①]

① 马克思《1844年经济学哲学手稿》《马克思恩格斯全集〉第42卷p120。

从17世纪社会的近代化以来，人类的发展开始摆脱了单一化和地域化的进程，开始将活动扩大为世界历史性的活动。青年是这种世界历史性活动所自发形成的一种新型的人的成长和发展形式。青年的出现，使得过去与未来之间，自然与历史之间，创造与模仿之间，发展与进步之间出现了相互渗透、相互交融以及相互分裂的状况，因此青年的概念从人的一般概念中独立出来，成为单独的社会实体和一种哲学理念。而当青年运动被看做是一种推动历史发展的动力时，青年一代与其他世代共同承担对世界的责任时，青年就具有了最初的公共性质。

近代社会的一个主要特点与传统社会不同，人不再表现为生产的目的，而财富则表现为生产的目的。青年的出现正是人对自我主体性的回归，青年的诞生象征着人不再是简单地在“某一种规定上再生产自己，而是生产出他的全面性”；象征着“人类的全部力量的全面发展成为目的本身”（马克思《经济学手稿》）。这种表现人的主体性与人的全面发展的青年，我们称之为公共世代。

青年不仅是处于过去与未来之间，同时也位于自然与历史之间。在人的成长过程中是处于创造与模仿的阶段。理论界在讨论公共领域时就指出，公共性的主要特征之一就是具有这种主体间性。因此，具有明显主体间性或交互主体性的青年也可以被称作是公共世代。青年概念的出现标志着人从自然的、生物意义上的人开始进化到历史的和哲学意义上的人，并且这种变化不是少数人的特权和专利，而是普及于大多数的年青人。

自然意义上的年青人自古以来属于弱势群体，2000年前《吕氏春秋》上就指出有“壮者傲幼”，年轻人被成年人轻视排斥的社会现象。直到现代社会，作为自然意义上的年轻人仍然处于社会的边缘，属于需要关注和帮助的社会弱势群体。但是，从近代社会以来作为历史意义上的青年则是政治上的强者，因为他们行动要追求的目的是“把人的世界和人的关系还给人自己”（马克思《论犹太人问题》）。从100多年各国的青年运动史来看，青年的行为和口号，特别是他们所形成的政治运动无论在正面意义或是在负面影响上，无论是促进发展还是被人利用，都具有改变国内社会或国际社会历史进程的力量。虽然青年世代不能够与社会进步划上等号，但从对社会发展的正面意义上来看，青年世代具有一定的公共属性。

即使在现代社会里，年青人也不会自然地成为具有改变社会能力的“青年”，这里有政治的引导和历史的契机。如英国经济学家哈耶克（1899~1992）所指出“有人论证说，那些刚具有行为能力的年轻人，因他们已同意他们出生于其间的社会秩序，所以是自由的；然而此一说法亦属荒谬，因为这些年青人很可能不知道可供替代此一社会秩序的选择。或者说他们对此一社会秩序很可能毫无选择可言，甚至与其父母思惟方式不同的整个一代人，亦只能在进入成年后方能变更此一社会秩序”（哈耶克《自由秩序原理》三联书店）。哈耶克所说的正是缺少政治选择和社会契机的被动型年轻人，而不是具有主体性的、有政治选择的、主动进取的青年。

德国哲学家阿伦特（1906~1975）在《过去与未来之间》一书中有关时间断裂层的观点为青年的公共属性研究提供了理论上的借鉴。他认为，没有所谓的“现在”，只有过去与未来的断裂层面。时间的连续性被过去与未来的两股力量所分裂了。如果说过去与未来的力量的冲突点被称之为“现在”的话，那么这种过去与未来的合力就有可能成为青年现象出现的一个重要前提，使得青年成为历史时间断裂中的“现在”，成为过去与未来的有着公共意义上的代沟与桥梁。由此来看，青年现象的出现说明了历史时间不是连续性的，而是一种间断性的过程。这种历史时间的间断现象在古代和中世纪并不明显，同样，那段历史中青年现象也不明显；只有到了近代，历史的间断性才以青年现象的方式出现。在这里，所谓代沟不是指青年与成年人之间的代沟，如文化人类学家米德所指出的那样：青年本身就是代沟，是作为人类历史间断性的表现。这个假说与追求青年与社会进程保持连续性的理论，以及以成人为目的过渡期的理论，在历史时间的认识上有着根本上的不同。

在青年研究中延伸出的有关公共世代的概念，也是对近代化以来在世代传承中精英进化思想的一种批判。从19世纪开始，社会进化和变革的理论或多或少地受到达尔文进化论的影响，物竞天择、适者生存的哲学不仅成为20世纪对多数人实行精英教育的理论基础，也把社会的进步和社会的责任放在这些精英身上。这里所说的社会精英，就是那种强烈感受到自然选择和社会选择的人，认为自己的意志和知识就可以把握人类社会进化方向的人。这种社会精英主义受到了分子进化中性学说的挑战。

1968年由日本遗传学家木村资生（1924～1994）首先提出的分子进化中性学说认为，多数或绝大多数的突变都是中性的，即无所谓有利或不利，优秀的基因并没有选择优势，因此这些中性突变不会发生自然选择和适者生存的情况。因此，生物的进化是一种随机的结果，是一种不以人（生物）的意志为转变的“遗传漂变”，与自然或人工选择无关。从分子结构上升到青年的层次有着巨大的跨越性，但是借用这个理论中一些经过大量实验所证明的观点用于青年研究时，就能够在一定程度上解释青年行为中常常会表现出的那种在中性突变上的飘移或不确定的随机现象。而且在青年的行为对青年本身的生存产生负面影响时，政治引导与社会呼唤也可能对青年不起作用。青年群体的社会行为对社会进化的影响，往往不取决于青年运动的意志和政治取向。因此，公共世代的概念在一定程度上也是在概括青年中性进化过程中的随机现象。同时，中性进化、随机漂变理论与青年研究能够交汇的地方是，它们都拒绝精英主义的学说，坚持所有的成员分子也好，青年也好，它们之中哪一个也不比别的分子（青年）更优越，都具有同样的结构，都能够很好地完成其生物（社会）的功能。

青年作为人类进化过程中的一个重要因素，不仅有着不断优化和更新每一代人素质的作用，同时也存在着在个体和群体发展中随机漂变的现象。青年作为一个群体，作为一个世代，同时存在着方向性和浮动性两个不同的侧面。既具有向人的全面发展进化的方向，也存在着中性进化、随机漂变的特征。这里，公共的概念就是一个有着综合性的概括，所谓公共世代就是包容青年的方向性、超越性以及随机漂变的进化内容。

埃里克森（1902～1994）关于自我同一性的理论是每个青年研究者都熟悉的，他的同一性渐成说已经成为青年心理学的基本理论之一。日本教育学家西平直介绍了埃里克森关于beyond identity（同一性）概念，也就是被理解为超越自我同一性或创造发展同一性的概念。埃里克森认为这种创造与发展同一性是一种社会共同体所共有的世界观、价值观、信仰体系、政治信念、思考方式、生活常识等具有公共性的传承。创造发展同一性不仅贯穿于青年的自我创造和改变的全过程，而且成人世代也在向下一代的传承中获得力量。埃里克森认识到，自我同一性的形成过程中具有排斥异己、产生对立的现象。由于自我同一性的形成是维持社会共同体所必须的，所以创造发展同一性（beyond identity）就是希望能够超越同一性的界限，追求新的自我与社会的具有公共属性的同一性。超越自我，不被自我同一性所束缚；超越在同一性形成过程中所获得的那种归属感、自信、使命感等导致发展停滞的感受，不断地去追求一种新型的具有理想性和公共性的自我同一性，应该是埃里克森同一性理论的最高境界。

青年与新世界的建设是一种共生体，对新世界的构成来说，新生的世代是不可或缺一环，青年的存在主要不是一种向成人的过渡期，更重要的是一种人类发展的新形式。1890年美国心理学家詹姆士（1842～1910）根据达尔文关于生物适应自然变化的理论，提出真实的思想是将现实改变为新的生活的心理学的原理，为青年心理学奠定了发展方向。这种历史的连续性和非连续性的共存，文化传承与新秩序、新生活的创造的公共性形成了20世纪的超越意识形态的一种政治哲学和政治理想。

正如马克思、恩格斯在《德意志意识形态》中所述，由于生产力的高度发展，人们的存在已经是“世界历史性的”，而不是狭隘地域性的存在了。这种已经是经验了存在是历史唯物主义看待社会问题的实际前提。因此，涵括这种“世界历史性的”内容，以及“在人们的现实差别基础上的人与人的统一”（马克思《致路·费尔巴哈》）的思想，就成为青年研究中一个不可忽视的方法论和世界观。青年的出现体现了“人是人的最高本质”的意义（马克思《黑格尔法哲学批判导言》）；而青年的行为体现了“对人的本质的占有”过程中的苦闷、仿徨与呐喊（马克思《1844年经济学哲学手稿》）。公共世代一词应该是对具备“世界历史性的”以及“人与人统一”性质的青年世代的，有着21世纪青年特征的写照。从这个意义上说，青年在自觉地自己创造自己的历史，在不断地实践“人类从必然王国进入自由王国的飞跃”。

吴　端

2015年1月1日

后记作者介绍

吴端，日本京都论坛研究员，上海社会科学院青少年研究所客座研究员。